日本人がいつまでも誇りにしたい39のこと

ルース・マリー・ジャーマン
Ruth Marie Jarman

あさ出版

はじめに

はじめての著書『日本人が世界に誇れる33のこと』(あさ出版)を出版してから6年が経ちました。その間に日本へ訪れる外国人観光客や留学生、日本に住む外国人が増えました。

街中では多言語表記が目に入るようになり、10年前には絶対なかったような、国際的な環境となっています。

小さな村に行っても外国人が当たり前におり、日本語を流暢に話す外国人が大切な労働力となっています。外国から来る多くの人は、私と同じように、日本のことを理解しようとして、日本を大切に思っているのです。

まさに日本は本格的な国際化時代に突入していると言えるでしょう。

ですが、日本人の多くは外国人が来日する理由や、日本が好かれていることを不思議に見ていて、それらの本質に気づいていないという気がしてなりません。

こんなに好かれているのに、その良さを自覚してないとしたら、もったいないです！

日本人であるあなた自身が日本の良さを自覚し、外国人の感動と驚きを実感すると、きっと忘れられない誇りとなるからです。


私は執筆活動やインバウンドビジネスのおかげで、日本中を講演で訪れるようになりました。日本各所を訪れるにつれ、日本がますます好きになりますし、日本の良さ、日本の魅力を外国人に言葉にして説明することができます。

そして、外国人の仲間が日本人の仲間を少しでも理解し、日本にあふれるキラーコンテンツを満喫してくれると、深い喜びと誇りを感じます。

まるで、世界の方々とともに美しいシークレットガーデンを発見している気分になるのです。

日本の田園風景を見て感動する外国人。

駅のホームにあるお店の立ち食いそばの味を、はじめて体験する外国人。

覚えたての日本語で日本人とはじめて会話をし、満面の笑みを見せる外国人。

絶対大切にしたい、いつまでも忘れてはいけない日本人らしさ。

それらは日本中、どこへ行っても健在です。


ほんとうのグローバル化は、それぞれの国らしさが守られ、お互いの文化と精神を尊重しあうことだと強く思っています。

国際化時代に、日本的な精神と美徳が忘れられることなく、より強まっていくのは私の何よりの願いです。

本書でお伝えするのは私の目線から見た日本の魅力ですが、何より大事なのは日本人である「あなた自身の目線」です。

本書がヒントとなり、世界に向けての日本人としての自信をもっていただければと思います。

いまこそ、日本人であることに自信と自覚をもち、共に日本にいる世界の人にシェアしていきませんか。

感謝の心をもつ日本人のみなさまへ、リスペクトの気持ちを込めたラブレターとして、本書をお贈りしたいと思います。

２０１８年10月

ルース・マリー・ジャーマン

はじめに 2

序章 「日本人探求」への旅立ち

私の身近にあった「日本語」たち 12
来日したらすぐに出会う"親切な日本人" 14
行動で愛を示す「内助の功」 17
リクルートとの運命的な出会い 20
私が見つけた日本の心地のいい居場所 23
リクルートで感じた日本人のDNA 26

第1章 世界の人に誇りたい日本人の精神

1 感謝の言葉がゆたかな日本人 32
2 日本人は共生の〝種〟を蒔いている 36
3 想像力が「思いやり」になる国 40
4 「自分さえよければいい」という考えを嫌う 44
5 ボランティアに仕事なみの情熱を見せる 50
6 他人の「二面性」を受け入れる包容力 56
7 「やる」と言ったら必ずやり通す責任感 60
8 日本人にしか見えない高い理想 64

第2章 世界の人から尊敬される日本人の美意識

1 〝目立たない努力〟に格好よさを感じる日本人 70
2 世界がまねできない「清潔感」へのこだわり 74

3 駅で見つけた「空気のような親切」 80
4 話す声にも「気持ち」をのせる繊細さ 84
5 「おみやげは個数の多いものを」という気遣い 87
6 日本人の会話の裏にある美意識 91
7 「手間をかけること」に幸せを見出す 94

第3章
世界の人が驚く日本人の習慣

1 他人に誠実に接するのは当たり前 98
2 「落とし物」を自分のものにしない 102
3 「沈黙」が日本では武器になる 105
4 贈り物で心の距離を近づける 109
5 日本人の感性が生み出す〝究極のおもてなし〟 115

6 会話術から見えた日本人の優しさ 118
7 神秘的な〝裸のつきあい〟 124
8 勤勉さは日本人の誇るべきアイデンティティー 129

第4章 日本人が知らない日本人のほんとうの強さ

1 「ダメもとでやる」という究極のプラス思考 138
2 なぜ、日本人は立ち直るのが早いのか？ 141
3 山形で見た「日本人の度胸」のルーツ 148
4 じつは日本人はシャイではない 152
5 現実に徹底的に向き合う日本の医療 155
6 「みんなで努力する」ことを選ぶ強さがある 158
7 日本人が築き上げてきた世界との絆 163

第5章

日本のビジネスはここがすごい！

1 プロフェッショナルを育てる風土 170
2 マニュアルを超えたサービス精神がある 174
3 「もっとよくなる」というKAIZEN意識 178
4 日本がトップクオリティを保ちつづけられる理由 183
5 「お客さまのパートナー」という考え方 188
6 社員を幸せにするための経営 193
7 「現場」を大切にする日本の経営者 199
8 日本には「デザイン」「独自性」「ストーリー」がある 205
9 世界がほしがる日本の「洞察力の深さ」 209

※本書は2012年刊『日本人が世界に誇れる33のこと』に、加筆修正したものです。

序章

「日本人探求」への旅立ち

私の身近にあった「日本語」たち

私はハワイ出身のアメリカ人です。10代のころに、アメリカの東海岸に移り住みました。

その後、ボストンのタフツ大学に進みましたが、入学してすぐに両親が離婚します。そのころは両親の離婚に加え、エリート校卒の人たちについていくのが精いっぱいで、次第に成績も下がり、ストレスを抱える日々がつづきました。

ようやく精神的な安定を取り戻したのは、大学1年生の終わりごろです。改めて学業に、真剣に取り組もうと決心しました。

そのとき心のどこかに、昔過ごしたハワイの近くにいたい！　という思いがふと湧き上がってきたのです。

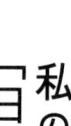

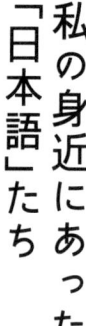

もちろん、すぐにハワイに戻れるわけではありません。

そこで私は、ハワイと縁のある「日本語」にチャレンジしようと思い立ちました。ハワイには多くの日本人がいます。日系3世の同級生の家では、祖父母には英語が通じず、日本語をまぜて話すことも多かったのです。私も幼いころからテレビで『人造人間キカイダー』を見るのが日課で、考えてみれば、じつに立派な日本語のヒアリング練習をしていました。

日本語の学習は、ほかの学生より1年ほど後れをとっていました。しかし、アメリカ本土の人よりも耳が日本語に慣れていて、すぐになじむことができました。舌を巻く「ラ、リ、ル、レ、ロ」も、日本人らしく問題なく発音ができ、「これだ！」と、「特技」を発見した気持ちでした。

3年生の終わりには、日本へ留学する機会を得ることができました。留学先に選んだのは、名古屋の南山大学。英語ができる人や外国人がたくさんいる東京ではなく、そのような人が比較的少ないところで、日本語を勉強することにしたのです。

来日したらすぐに出会う〝親切な日本人〟

家で日本へ行くための荷造りをしていると、大学が紹介してくれたホームステイ先のお母さんから、一通の手紙が届きました。

そこには、私と会うことが楽しみであることや家族の紹介が、すべて、とても丁寧な「ひらがな」の文章で書かれていました。

その一枚の手紙を書くときに、彼女がどれだけ私のことを思い浮かべてくれたか。私のニーズを考えてくれたか。遠いアメリカにいる若い学生のことを思い描きながら、畳の部屋にあった低いテーブルの上で書いていたに違いありません。

薄くてやわらかい手触りの、和紙の手紙。それを開いた瞬間を思い出すだけで、いまでも感動の涙があふれ出します。

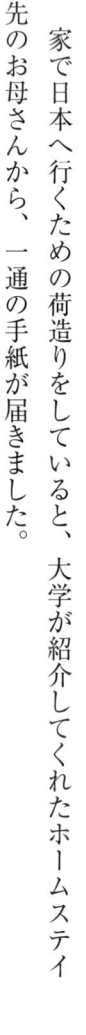

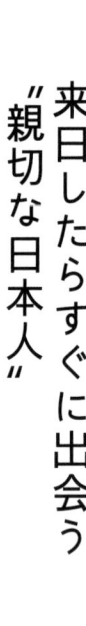

日本人の女性がもつ、気遣いとの出会いでした。

いま思えば、辞書を引きながらその手紙を読んだのが、この30年以上もつづく日本との「ご縁」の始まりでした。

そして日本へ。

飛行機に乗っていた外国人は私1人。身を投げる思いでの海外留学でしたが、とにもかくにも1987年11月17日に名古屋空港に降り立ち、日本での本格的アドベンチャーがスタートしたのです。


日本に到着し、名古屋空港の屋外に出たのは夜の9時ごろのこと。

空港から名古屋市内までの交通手段は、まるでわかりません。

とりあえず、だれかとコミュニケーションをとらなければ始まらないと思い、となりにいた人に向かって、知っている日本語を言ってみることにしました。

「いま何時ですか？」

「時計を見ればわかるだろう」とつっこまれそうな質問でしたが、「9時10分ですよ」

と親切に答えてくれました。

会話成立！　と喜んだのもつかの間、なんとその方が話をつづけてきたのです！「ご出身はどちらですか？」という問いに、私はまったくノーアンサー。答えを探して困っている姿を見て、心配になったのかもしれません。その方は、親切にも私と同じタクシーに乗り、なんとホテルのフロントまで一緒についてきてくださったのです。そして、予約がちゃんと入っているかを確認してから、タクシー代も受けとらずに帰ってしまわれました。

後で知ったのですが、私がタクシーのなかで眠っている間に、ホテルに確認の電話も入れてくださっていました。


この来日初日のできごとが、「日本人は親切」という印象を抱いた、最初の体験となりました。

ここからの日本での経験は、発見の連続でした。

行動で愛を示す「内助の功」

名古屋でのホームステイ先は、お父さんが自営業を営み、3階建ての家の1階はオフィス、2、3階が自宅、という家庭でした。この家庭は、日本を体験する貴重な舞台となりました。

日本の家族のあり方は、自立性を重んじるアメリカのものとは大きく異なっています。

アメリカでは共働きが当たり前です。子どもは幼いときから大人顔負けに、自由を満喫します。夜遅くまで遊んだり、15歳から車の運転ができたり、いろいろなアルバイトをして自分のお小遣いを稼ぐなど、自立せざるを得ない環境なのです。

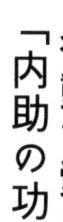

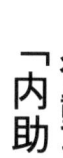

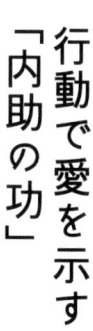

一方、日本では門限があること、家庭のなかではお父さんが「厳しい存在」であることなど、保守的な面が多いです。アメリカにいるときほど自由にできないことは覚悟していました。

とはいえ、ホームステイ先のお母さんの「専業主婦」という立場に、やはりはじめは非常に疑問を覚えました。女性の自立を抑制する文化だと思ったからです。

ところが、この家族の1人として生活するにつれ、考えが一変しました。

夫婦の役割分担の意味が理解でき、お母さんが専業主婦だからこそ成り立っている、家族全体の安定感を実感したのです。

大学の授業が終わって家に帰ると、お母さんは「お帰りなさい！」と私に声をかけ、リンゴやミカンのおやつを出して、私の話に優しく耳を傾けることが日課でした。

また、ホストファミリーの家はいつも清潔で美しく、洗濯物には太陽の香りがあふれていました。食卓にはいつも温かいご飯とおいしい手料理、ヘルシーなお弁当が毎日用意されるなど、お母さんは家族の健康を見事に支えていたのです。

アメリカで育った私は、お互いの都合がいいとき、たとえば夕食の時間や車に一緒に乗っている間などでなければ、親にゆっくりと話を聞いてもらえませんでした。

日本では、妻のサポートを、「内助の功」と表現します。

私のホームステイ先のお母さんは、まさにそのとおりの方でした。

日本では、ごく普通の家庭かもしれません。しかし、私にとって名古屋のお母さんは、そのときまでのだれよりも、心のなかにある「愛」を行動と姿勢で示せる方に感じました。

この家で私は、母親の思いやり、努力、ケアによって、本物の家族ができることを学んだのです。

アイラブユーと口で言うのは簡単です。しかし、日々の「行動」を通してその「愛」を示すのは至難の業です。

私はアイラブユーとすぐに家族に言いがちですが、彼女から学んだ、「愛を本物にするための行動と姿勢」を、一生忘れないように、宝物にしています。

リクルートとの運命的な出会い

ホームステイを終え、ボストンに戻ったのは4年生のときです。同級生のほとんどが大学院への道を選ぶなか、私はあまり卒業後の進路のことを考えていませんでした。

そんなある朝、大学の食堂で、私の人生を大きく決定づける、ある会社の求人広告を目にしたのです。それは、すべて「ひらがな」で書かれていました。

「これをよむことができたらせつめいかいにきてください！」

不思議なメッセージでした。しかし、こういうことを考える企業はきっと面白いと感じて、説明会に行くことにしました。

これが株式会社リクルートとの、はじめての出会いでした。

大学のキャリアセンターのドアを開けると、なかにいたのはリクルートから来た若い日本人女性でした。私より5歳ほど年上で、すてきな笑顔で「こんにちは！」と大きな声で私を迎えてくれました。

彼女は英語はあまり得意ではなく、私も片言の日本語だったのですが、どこか根本的なつながりと親近感がありました。


説明会当日、会場で取り仕切っていたのは、日本語ペラペラのベネズエラ出身のJose Bricenoさん。彼は30代前半で、すでに部長になっていました。

英語もままならない女性社員を、海外まで1人で行かせてくれる会社。

外国人を若いときから部長にしてくれる会社。

さらに、わざわざ海外まで来て採用活動を行う積極的な会社に一目ぼれでした。

リクルートのフェアな組織とボーダーレスな実力主義、さらに自由で自主的な雰囲気が刺激となり、目指したい姿（職業）がなんとなく見えてきた気がしました。

説明会のあとには、個人面談があり、ハーバード大学をはじめ、近隣の大学から約80人の学生が集まっていました。見渡すとほぼ全員、紺色のスーツ姿でした。私はといえば、恋人がマイアミで買ってくれた長いスカイブルーリネンスカートに、大きな花が描かれている白いセーター。そして、カウボーイブーツという格好です。面接官からすると〝変わったやつ〟に違いありませんでした。

採用通知が届いたのは、その2週間ほど後のことです。

もともと日本に就職する予定も、大企業に入る予定もなかったのですが、リクルートからのオファーを迷わずに受けました。アメリカの企業で働く以上に、大きなチャレンジができると思い、日本で働くことを決めました。

さっそく「YES！」と承諾の連絡をし、私の〝日本の歴史〟の幕が上がったのです。

私が見つけた日本の心地のいい居場所

入社が決まったものの、就労ビザの許可になんと約1カ月もかかりました。ほかの社員に遅れて、12月1日づけでの入社でした。

入社当日、人事の方から書類をいただきましたが、配属先の「総務部」という漢字すら読むことができず、しかも、自分の名前「ルース・ジャーマン」をカタカナで書けない、という史上最悪の新人の誕生でした。

「総務部とは、何をするのですか?」と聞くと、「何でもやるよ!」という答えです。日本では、人材を一気に採用し、人事異動という社内シャッフルのち、新人を適性に合ったポジションにあてはめていく、ということに驚きました。

まっさらな状態の新人が、どのように育つかを見極めながら、適切な仕事を見つけていく方法です。こういうやり方は、アメリカにはありません。

私は80人ほどいる総務部のフロアで、日本語の不得意なたった1人の外国人として出発しました。

入社した瞬間から、リクルートの社風と「ノリ」は自分にぴったり合っていたものの、言葉の壁が厚く、思いやアイデアをまったく伝えることができません。まるで役に立たない新人でした。

けれど、「私たちはルーシーとの仕事を長い目で見ているので、あまり心配しないで。まず、一年目は勉強と思ってください」と上司から言われて、ずいぶんと気持ちが楽になりました。

とにかく〝稽古と学ぶ〟ことを念頭に置きながら、新しい体験にぶつかっていくことにしたのです。

「自ら機会を創り出し、機会によって自らを変えよ」とは、リクルート創業者の江副浩正さんからいただいた言葉です。

私はその日から、「学ぶ」という自分中心の姿勢から、「できることを見つけ、こちらから貢献できるよう自分を変える」を自己テーマにしました。

そして、少しずつですが、本来の自分を出せるようになり、タフになり、毎日の仕事に本気で取り組めるようになったのです。

「リクルート事件」が起こったのはその時期でした。本社の総務部としてその事件への対応を通して、私は日本人の仲間たちのすごさを実感することになるのです。

リクルートで感じた日本人のDNA

総務部に配属されたのは、リクルート事件が起こったばかりのころでした。

私はどれだけ大きなできごとの渦中にいるかも知らず、初日から驚きの毎日でした。

銀座の本社に出勤すると、社員専用の入り口には50人以上の報道陣が待ち構え、ビルの外ではスピーカー付きの黒いトラックが、1日中何かを叫んでいます。9階の総務部まではっきり聞こえる大音量です。

それは右翼の街宣車だったのですが、当時は何もわからず、単純に「銀座って、とてもにぎやかな場所だな」と思っていました。

総務部には、大きな黒い文字が書かれた数多くのはがきが届きました。

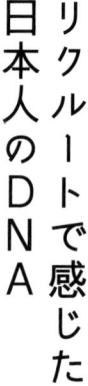

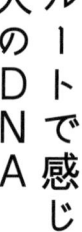

クレームのはがきであることは、字を見てわかります。それらたくさんの郵便物を眺める仲間の顔が、とても悲しげに見えました。

頻繁に鳴る電話からは、怒鳴り声も聞こえました。

そんななかで、同じチームの先輩方が一生懸命に対応しているのを目の当たりにし、その冷静さに驚きました。私はそのときに、日本人がもつ団結力と精神力を知ったのです。

どれほど不安でつらくても、社員は「おはようございます！」の大きな声とともに出勤し、朝礼をした後は「今日も1日頑張るぞ！」と掛け声をかけていました。

いちばん大変な仕事をしているはずの部長も、いつも余裕の姿を見せてくれました。

リクルートの業績は、またたく間に落ち込み始めました。営業部門だけでは業績の悪化を食い止められないため、すべての部署が営業目標を設定し、全員が営業として活動を始めることになりました。

私はまだ日本語があまりできなかったのですが、それでも「会社に貢献できることは何なのか」と考えて、外資系企業に英語で電話をして、何件かアポイントをとりました。

ピンチにあっても、自分たちの商品に自信をもち、仲間を信頼し、将来を信じ切ること。アメリカのパイオニアたちを先祖にもつ私には、根っこの部分で通じるものを感じました。

私はこの日本のファイターたちと一緒になってよかったと心から思い、「必死についていこう」と決心したのです。

毎日知らされる営業成績を受け止め、「大切なお客さまが信頼してくれているのだから」と勇気を振り絞り、お客さまへの感謝の気持ちを込めて、リクルートが一丸となって頑張った時期でした。「頭が上がらない」という表現を、はじめて心から理解できたのは、このころです。

このできごとを通して、私は日本企業への就職という決断が間違っていなかったこと、自分はすばらしい国に来たのだ、ということを確信したのです。

私がはじめて日本の土を踏みしめてから、何年経ったでしょう。

一見まじめで静かに見える日本人の「心のなか」には、ホットな心、鋭い感性、情熱的な夢など、さまざまなすばらしいものが存在していることを、日々感じます。

もちろん、まだ日本人のすべてがわかったわけではありません。

毎日が「新しい日本の発見」であり、隠された日本人の心のあり方についての探求の旅は、いまでもつづいているのです。

さて、私の日本人との出会いの話はここまでにして、次の章からは私の経験のなかから、世界に誇れる日本人のすばらしいところをお伝えしていきたいと思います。

第1章

世界の人に誇りたい日本人の精神

1
感謝の言葉がゆたかな日本人

私が日本文化のなかで特に尊敬しているのは、感謝の気持ちを表す表現がゆたかであることです。

「ありがとう」の気持ちを忘れずに表現することの大切さは、どの国でも両親が子どもに言って聞かせます。私自身、両親に教えられ、「Thank you.」という言葉の意味の深さについてよく考えていました。

ところが、日本の日常生活にあるゆたかな「ありがとう」の感謝表現は、ほかの国とは異なります。じつにさまざまな、感謝を表す言葉があるのです。

「ありがとう」

「すみません」
「恐縮です」
「おそれいります」
「助かりました」
「お世話になりました」
「ご馳走さまでした」
「お疲れさまでした」

日本に長年いても、その場その場で使い分けられる「感謝の表現」の複雑なニュアンスに戸惑うことがあります。

ちょっとしたおじぎなど、感謝を表すジェスチャーもたくさんありますし、おみやげやギフトの文化に含まれる「感謝の心を表す行為」にも、深い意味や歴史があるようです。

日本人の社会では、ビジネスでもプライベートでも、感謝の気持ちを表すことが習慣となっています。「お礼の気持ち」をどのように表すべきかという「課題」を、無意識のうちにこなしているのです。

もちろん、ほかの国にも「家族を大切にする」「社会活動を行う」などのすばらしい共通認識はありますが、「ありがとう」をここまで極めている文化はめずらしいです。

「ありがとう」と言うとき、必然的に「自分」ではなく、「相手」に焦点が合います。相手のためにどのように言えばいいか、どのように動けばいいか、何を差し上げればいいかを日常的に考えるようになると、利己的ではなく外向きの視点をもつようになるでしょう。時には、組織のチームワークやグループシンキングが上達することにもつながります。

子どもたちが小さいころ、よく横浜の市営バスを利用していました。

定期的に乗るバスが日野墓地を通ることもあり、お墓参りをするご年配の方をたくさん見かけました。お年寄りたちのほとんどは、バスを降りる前に運転手さんに向かって「ありがとうございます」と声をかけていました。

目的地まで無事に連れていってくれた運転手さんへの、「お礼」の気持ちを、当たり前のように、何気なく言葉にしていることに心を打たれました。

そうした文化が、子どもたちにも根づいていることを、私は誇りに思います。

以前、子どもとタクシーに乗ったときのこと。10歳になった娘が下車する際に、無意識に運転手さんにちょっとしたおじぎをし、「ありがとうございます」と丁寧に言うことがありました。

その瞬間、母親としてとても穏やかな気持ちになりました。

これからも日本人のお礼の心を、親子ともども、どの国へ行っても大切にしていきたいと思います。

「日本で暮らせて、ありがとう……」

2 日本人は共生の〝種〟を蒔いている

上海への出張を控え、成田エクスプレスのチケットを買おうとしたときのことです。特急券の自動販売機を見つけて、操作中の日本人男性の後ろに並びました。すると、ほんの30秒くらいでしょうか。この男性が私たちのことを気にかけ、突然順番を譲ろうとしたのです。

「いいですよ、私たちは待ちますのでどうぞ、終わらせてください」と声をかけると「申し訳ない」と言ってふたたび機械の操作を始めました。

また、成田空港のセキュリティーチェックでのことです。

ポケットの中身を出してトレイに入れたり、靴を脱いだりしている風景はどこでも変わりませんが、順番が来て荷物を入れるトレイをもらうときに、警備員が「お待たせいたしました」という心遣いの言葉をかけてくれました。

こんなことは、ほかの国ではまず考えられません。

だいたいどこの空港もセキュリティーチェックはとても細かく、担当者もうんざりしています。だから、たいていは「自分たちも迷惑しているんだ！」という態度になり、ぞんざいな対応になることがよくあります。

日本人には、たとえ自分が迷惑に感じていても、相手に不便をかけているようなら、一言お詫びをする習慣がついています。日本人はつねに「他人に迷惑をかけない」ことを重視して行動するからでしょう。

一方、外国人は、1人ひとりの「自分」が行動の軸となっており、つねに自分ベースの発想で行動しがちです。

アメリカでは、ATMの操作にどんなに時間がかかっても、後ろの人たちを気にしないで、やりたいことを最後まで済ませます。

後ろで並んでいる人は、「待ちたければ待つ」「待ちたくなければ待たない」という姿勢です。

もし、前の人がＡＴＭの操作に時間がかかってしまい、後ろで待っている人たちが約束の時間に遅れたとしても「待つ選択をした本人が悪い」という考えになるのです。

日本人にとっては、「気配りがない」と感じることでしょう。

しかし、「みんなで」という考え方より、「自分で」という考え方が主の国だと、そういう行動が常識となるのです。

「自分で」をベースに生活していると、「すべてのことは自分次第」ということになり、プレッシャーがかかります。その結果、日常の行動で他人への配慮をすることが非効率に感じるようになるのです。

アメリカでＡＴＭの操作の途中で次の方に譲っても、感謝されるよりもまず、不可解な気持ちになられます。待っている人は、素朴に「Ｗｈｙ？」と尋ねてくるでしょう。

「みんなで（共生）」をベースに生活していると、相手を絶えず視野に入れて意識することが自然にできます。

日本人の「共生の心」を理解すると、不思議なことに、どの国の人々も、自分たちの生活習慣のなかに取り入れ始めます。

こうした美しい習慣は、世界から見てもとても学びになるのです。〝地球の共生〟の教科書といえるでしょう。

3
想像力が「思いやり」になる国

ニューヨーク、デリー、ホノルルなどの、どこの都市へ行っても、大きなクラクションの音が頻繁に聞こえてきます。

ところが、東京は街のなかをゆっくり散歩していても、クラクションの音があまり聞こえません。

以前、「ビッ」という短いクラクションの音を日本で聞きました。

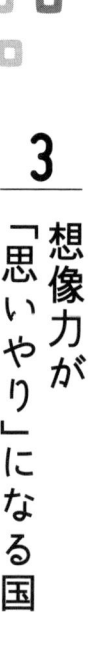

青信号なのに20秒ほど待っても動かない前の車に対して、「信号が変わっているよ」と声掛けするような、後ろの車からのちょっとした音でした。

日本のどこへ行っても、クラクションといえばこのくらいです。警告、クレームではなく、合図とか、気づかせるためのサイン、のように聞こえます。

クラクションが少ないのは、日本人が、独特の「想像力」を備えているからです。まず人に迷惑をかけないようにと考える。そして、何が人の迷惑になるか、それをしないためにはどんな振る舞いが良いかを、それぞれが想像する——これが日本人のルールです。

人に迷惑をかけないためには、我慢（他人への忍耐）強さも必要になります。この我慢強さを通して、日本は集団調和がじつにとりやすい環境となり、独特の団結力が維持できているのでしょう。

団結力といっても、日本では、スポーツのチームのような勝利を勝ち取るためのハードなチームワークではなく、全国どこでも見られる「平凡な思いやり」のことです。

私は、日本人の我慢強さと、思いやりの美しさを実感しています。

アメリカ人は一般的に、我慢が苦手です。気持ちが高まると、総合的な視点で深く考えずに、感情的に行動を起こしてしまいがちです。

行動力や実行力として評価されることもありますが、判断ミスに結びつくシーンもたびたびあります。

ボスの判断に我慢できず、すぐに転職する。相手の浮気に我慢できず離婚する。学校の教育方針に納得できず、子どもを転校させてしまう。時には、長すぎる牧師の話に我慢できず、教会を変える。前の車が、自分が正しいと思うようなタイミングで走り出さなければ、クラクションを大きく鳴らすのです。

すぐに「白・黒」を判断して、即動き出すのはアメリカ流だと思います。


しかし日本人は、いったんまわりに対しての影響を考えます。

「いまクラクションを鳴らすと、歩行者がビックリするかもしれない」

「前の車は高齢者かもしれない」

そんなふうに、相手や状況に対して想像力を働かせ、ちょっと様子を見る習慣があるのです。

この習慣が、転職の際に慎重なシミュレーションをしたり、仕事ではクライアントの利益を考えたり、部下の能力と仕事量を考慮したりするなど、さまざま面で役立っているようです。

以前、会議に入る前に同僚が「キレないでいこうね」と声をかけてくれました。すぐキレるのが、私の短所でもあります。

ダイナマイトの導火線が短すぎて、クラクションをすぐに鳴らしてしまいがちなところを直して、日本人のように信管を長く延ばし、余裕をもつことが、仕事の面でもより良い結果を生むのだと考えています。

4

「自分さえよければいい」という考えを嫌う

日本人は、万が一のことをあらかじめ考える能力があります。

「もしかしたら、ここに体の不自由な人が来るかもしれない」

「ほんとうに必要な人が来たときに、使えなかったらきっと不便だろう」

そんなふうに自然と意識を運びます。

電車の優先席や、公共の障がい者対応のトイレなどでも、日本人の意識の高さがうかがえますね。どんなに混雑していても、トイレに並んでいても、優先席に堂々と座ったり、車いす用トイレを使ったりする人は少ない。それは、日本人の「万一、ほんとうに必要な人が来たときに気持ちよく使えるように」という意識が働いているからでしょう。

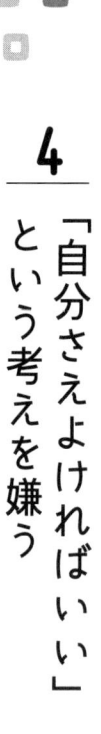

日本のある会社の取り組みを知り、私は目が覚める思いでした。

ある寒天メーカーの社員のみなさんが実践しているルールです。

社員のほとんどが車通勤なのですが、スーパーに車で買い物に行くとき、彼らは入り口の近くのスペースには車を停めないよう心がけているそうです。

なぜなら、入り口近くの駐車スペースは、体の不自由な人やお年寄りの人のために空けておくべきだと考えているからです。普段から地域社会に貢献したいという意識の表れなのでしょう。


この話をうかがい、どうしてそこまで人のために尽くせるのか？　と、にわかに信じがたい気持ちになりました。

日本人は、そんな、すてきな発想がいったいどこから生まれてくるのか。ほんとうに不思議でなりませんでした。


日本人にはこうやったらこうなるかも、こうしたら、こういう結果になるからこうしよう……そうしたシミュレーション力、先のことまで深く考える力があるような気がします。

日本の人は、ごく当たり前に、車を停めるときに周りの迷惑にならないよう配慮して駐車します。曲がっていたら、となりの人が出にくいかもしれない。接近しすぎていたら出られない。少しでも迷惑になりそうだったら、そこには停めない。それが日本人らしい心遣いです。

でも、それは特別な能力です。だれもが備えているものではありません。

なぜかアメリカ人の私には、そうした「心」は育っていません。万が一のことを考えるという習慣がなく、どうにかなるとどこかで思い込んでいるところがあるようです。万一の「リスク」より「確率」を考えるクセがついているのです。


私は年に一度、クリスマスの時期に故郷ハワイに帰ります。

この時期のショッピングセンターは、クリスマスのプレゼントを買い求める人たちで大混雑。駐車場も満車状態がつづきます。日本では、入れない車は外で並んで待っていますが、アメリカではとりあえず駐車場のなかに入って、空きスペースはないか、ぐるぐる回りながら停めるチャンスを探します。

ショッピングセンターから出てきた人を見つけたら、その人の後を車でついていき、「Are you leaving now?（もう出て行かれますか？）」と聞きます。「Yes」と返ってきたら、その人の停めている車の場所に停めるのです。

こんなふうに、アメリカでは早い者勝ち競争が当たり前です。


あるクリスマスの時期にハワイに帰ったときは、苦い経験をしました。

教会のセレモニーに出席するため車で出かけたのですが、駐車場は案の定、車であふれていました。ようやくなんとか停められるスペースを見つけましたが、後ろの車に接近して停めなければならず、私が先に出ないと、後ろの車が出ることはできない状態でした。

一瞬迷いましたが、セレモニーの時間が迫っており、終わって急いで車を出せば大丈夫だろうと判断し、そこに駐車しました。

ところが、セレモニーが終わり、駐車した車の場所に急いで戻ると、そこに車いすの方が待っていました。外はパラパラと雨が降っています。

つきそいの方から、

「これじゃあ、車を出せないじゃないか。何をやってるんだ！」

とキツい口調で言われました。「すみません」と謝ったのですが、

「あなたはなんて失礼な人だ、あり得ない！」

と、さらに批判を受けました。

そこでとっさに思ったのは、

「だって、車いすの方の車だなんて知らなかったんだもの」

という言いわけです。後から振り返ると、自分自身に対して、

「ルーシー、そういう問題じゃないでしょう？　そんな言いわけ通用しないよ」

と言ってやりたい。

私はそこで、日本人と自分との圧倒的な違いを自覚したのです。

私は日本に30年近く住んでいますが、いまだに自己中心的な発想が抜け切れてい

ません。一生懸命、日本のいいところを取り入れようとしていますが、日本のみなさんが自然にしている「万一を考えて慎重に行動する」ということができるまでには、もう少し時間がかかりそうです。

でも、海外へ行ったときには、日本で学んだ良い習慣を率先して、プライドをもって実践していきたいです。

そうすることが、みんなが快適に、ハッピーに過ごせる世の中をつくっていくことにつながると思うから。

5 ボランティアに仕事なみの情熱を見せる

「グローバル化により絶好のビジネスチャンス」というテーマの講演会で、登壇したときのことです。

金曜日の夕方の時間帯という休日の前の講演でしたので、聞いている方々は当然ながら、眠いです。「また外人から厳しいこと言われるんだよな！」という空気もあり、さえない表情を私に向ける参加者もいました。

そういうときは最初に「ルーシーで覚えてください。念のために言いますが、ロザンナさんではありません！」と言うと場の雰囲気が和み始めます。ジョークを交えながら、日本はこの30年間でどう変わったか、またこれからの観光客増加によるビジネスチャンスはどこにあるかを提言します。下手な日本語で伝えても、少しでも役に立つ情報であると自負しているため、1人くらいイビキをかいている人がいても、絶対にテンションを下げません。伝えたいメッセージと信念があるので、90分ひたすら話しつづけ、最後に英語の実践までやってしまいます！

講演のあと、大手企業の部長さんが「あなたのすごいところは、ブレないところです！」と大きな声で励ましてくださいました。

プロとしての意識をもち、一生懸命にいい仕事がしたい。私は常々こう思っていますが、これは万国共通のビジネス常識ですね。世界中どこへ行っても、ブレない努力をしている方がたくさんいます。

ところが、日本人は仕事だけではなく、ボランティアにも同じ姿勢で取り組みます。これには以前からすごいなと思っていました。

ボランティアをやると決めたら、日本人のプロとしての意識は有償の仕事の場合と何ひとつ変わりません。無償でやっているから少し手を抜くといったことや、お金をもらっていないので「やってあげている」という上から目線の態度もありません。つらいなと思っているかもしれませんが、背筋をまっすぐに正して、勢いよくボランティア活動に取り組むのです。

側からボランティア活動をしている日本人を見れば、絶対に仕事をやっているように見えるでしょう。

以前、山口県で子どもが行方不明になるというニュースがありました。そのとき大分県から駆け付けた〝スーパーボランティア〟の話も、日本人のボランティア精神を物語ります。

日本全国に行きボランティアをライフワークとしている方でしたが、3日ほど見つからなかった子どもを見事に探し出し、一瞬にしてヒーローとなりました。取材に答えるご本人は、優しい目をして力強い声で「言葉はない。よかった！　尊い命が助かってよかった。ただそれだけです」と語ります。

また、見つかった子どものご家族が「食事でもお風呂でもいかがでしょうか？　ぜひ、家にお入り、少しお休みください」と感謝の意を伝え、お誘いすると「いや、ボランティアですから、結構です。ありがとうございます」と何度も頭を下げるヒーロー。「仕事ですからお礼はいりません」というのは万国共通ですが、「ボランティアですからお礼はいりません」という姿勢は、ほんとうにユニークな美徳です。

取材でその方が話している最中に、大きな赤とんぼが彼の指にとまり、まるで自然界からも絶賛されているかのように見えました。

ハリウッドで活躍する脚本家の友人がいて、日本に訪れることがあります。彼は、日本人はどんなタスクでも〝抱きしめているね〟という、すてきな言い方で説明してくれます。

カフェの店員さんの声と表情にハリがあること、清掃員や駅構内のスタッフの制服もきちんと整っていること。また、交通整理をしている方の誘導と、仲間への合図と腕の動きにキレがあることに感動するというのです。

仕事を早く終わらせて好きなことをやりたい、と言わんばかりの表情をする働き手が世界に多いなか、日本人の仕事への執念は多くの外国人ビジターを魅了しているのです。

日本ではラッキーなことに、タスクへの姿勢は幼いころから学びますね。息子が2歳ぐらいのときに「ドンチャカ教室」という幼児教育プログラムに通いました。何より早く教えられたのは「返事」です。「白石源君」と呼ばれたら手をまっすぐにあげ、大きな声で「はあい！」と返事するようにと先生が教えます。

帰宅しても一緒に返事練習をする温かい思い出も残って、私はいまでもハッピーです。私も講演前にプロフィールが読み上げられ、「では、ルース・マリー・ジャーマン先生、お願いいたします」と呼ばれると、手をまっすぐにしっかりとあげ、「はあい！」と大きな返事をするようにしています。

気合が伝わり、講演に集まってくれた方が一気に盛り上がってくれます。目覚めにも効果的です！

ボランティアもタスクも、無償も有償も関係なく、同じように扱う日本人。

どんな仕事でもしっかりと抱きしめて、日本人の行動に対する執念を世界のみなさんに見せましょう！

「はあい！」

6 他人の「二面性」を受け入れる包容力

リクルートに在籍しているときに、印象的だったことがあります。

日本人どうしのかかわり方を観察していて、日本人は、そのとき、その場の行動が、決して本人の本質的な全体評価にはならないことに気がついたのです。

リクルート時代は飲み会がたくさんありました。

お酒の席で、部下に対して大声を上げて真剣に怒る上司もいました。「お酒が入っていなければ、おそらくそこまで言わないのだろうな」と思うようなことまで言うので、人間関係が壊れるのではないかと心配になったほどです。

しかし興味深かったのは、翌日の、その場にいた社員たちの反応でした。大声を出していた上司の悪口を、決して言わないのです。

逆に、「部長にも、いろいろストレスがたまっているのかも」などと、気遣うような発言しかしないのです。

人間には、普段の「自分」と、ときどき現れる「別の自分」の、2人の自分が共存しています。

アメリカ人も、スーパースターやアーティストの二面性は普通に受け入れます（有名歌手のビヨンセも、普段の自分とステージ上の自分があまりにも異なるため、ステージ上の自分に別名の「Sasha Fierce（サーシャ・フィアース）」とつけているそうです）。

ところが、アメリカ人は、仕事の同僚と飲みにいって、いままでとまったく違う人柄が出てくるのを見ると、「へえ、いままでずっと隠してきたのだな」と、いくらか否定的な反応をするのです。

けれど日本人は、決してそんな反応は見せません。

それはアメリカ人に比べると、とても不思議な姿勢です。

おそらく日本は、普段から「個」よりも「みんな」と調和をとり、社会に適応している人がたくさんいるからでしょう。

私も、日本で長く生活しているうちに、日本人1人ひとりがもつ「二面性」を、自然に受け入れることができるようになりました。

日本人にとっては、「みんな」と協調しているときの「自分」と、個人になったときの「自分」が違うのは、ある意味で当たり前のことなのです。

ですから、普段だと抑えぎみな発言が多く、遠慮しているように見える人が、ほんとうは活発でよく話す「裏の自分」をもっていてもだれも驚きません。

このことを理由に、日本人を保守的で変化への対応力が弱い国民だと考える人もいますが、私はそうは思いません。

むしろ、ほかの国の人々が気づいていない、日本人の応用力や柔軟性の表れなのだという気がします。

今日のその人を、今日の状態で受け入れること。

翌日のその人を、翌日のその人の人柄のままで再度受け入れること。

これはすばらしいことだし、合理的なことです。

世界のあちこちで活躍している日本人のみなさんが、さまざまなタイプの人と関わるなかでは、たいへん有効な「特技」と言えるでしょう。

7

「やる」と言ったら必ずやり通す責任感

来日して30年がたち、日本企業にしか勤めたことのない私は、時折、自分の国籍がわからなくなることがあります。

以前、ニューデリーに出張したときのことですが、ホテルで日本人を見かけてすごく安心している自分に驚きました。

実家のハワイに帰ったときも同じです。日本語を話している日本人がいると声をかけ、すぐにでも「コマネチ！」などと、日本のジョークを使いたくなります。

この〝安心感〟はどこからくるのかと考えたところ、外国人とビジネスをするなかでヒントを見つけました。

海外では、「○○をお願いします」と頼むと「OK!」と元気よく返事され、「明日までにやる」とか「5分後にやる」など、「納期」まで明言するケースが多いです。ところが、その言葉を信じて待っていると、本人が決めた納期を過ぎても頼んだことができていなかったりします。

「例の件、どうなりましたか」と尋ねると、「え、何でしたっけ」や「あ、それですね。すぐにやります」と、ふたたび納期を延ばされてしまう有様です。

日本的に言うと、「いい加減」と言われても仕方がありません。

日本以外の国ではこういうことが日常茶飯事で起きており、まわりのビジネスマンも「そんなものだろう」と諦めながら、その「いい加減」を我慢し、ある意味では楽しんでいるのです。

けれど、日本のビジネスマンは、「やる」と言ったことは必ずやってくれます。

日本人はよく考えてから返答し、行動するのが一般的なのです。そこに、安心感が生まれます。

ビジネスの場でいちばん気持ちがいいのは、〝安心感〟です。ケアフル・シンキングの日本流ビジネススタイルの流儀こそ重要なのだと、私は思います。

そしてこの安心感が、海外で日本人と出会ったときの安心感につながっているように思います。

私も日本流ビジネスから、いつの間にかケアフル・シンキングの大切さを覚えました。何かを提案されたときに、「そうですね、ちょっと考えます」と、自然に答えるようになっているのです。

ほかのアメリカ人のように、すぐに答えを出して、「Yes! OK! Let's Do It!」などと言うことがなくなったのです。

外資系企業の人たちはよく、日本の会社は結論を出すのに時間がかかりすぎる、と言います。なかにはイライラして、腹を立ててしまうような人もいます。

その気持ちも、わからないではありません。

だから私は、外国のビジネスマンに、「日本ではなかなかYESがもらえないけど、

ＹＥＳと言われたときは、ほぼ確実に実行されると思ってください」とアドバイスをすることがあります。

日本の会社には、「報・連・相」という言葉があります。

話をよく聞き、上司や同僚に報告・連絡・相談を徹底的に行い、責任ある答えを出す。

時間はかかるかもしれませんが、この姿勢は、いまのビジネス界の速すぎる変化や動きに、確実性をもたらす貴重な効果があるのではないでしょうか。

8
日本人にしか見えない高い理想

アメリカでは、「sense of entitlement（権利意識）」という言葉をよく使います。政治家が選挙活動のときに、「You deserve a better life.」（「あなたはもっとより良い生活を送っていいはずだ」「あなたはもっとゆたかになる権利がある」）ということを有権者に向かってくり返し示します。

アメリカ人は、特に大きな成果がなくても「契約通りの給料をもらって当たり前」「ポジションに合った手厚い待遇を受けて当然」といった権利意識が強いのです。

労働組合が強い国なので、その影響ではないかともいわれています（労働組合はもともと、労働に対する対価がきちんと支払われない、待遇が悪すぎるといった問題を解決するために、労働者が集まって正当な権利を獲得しようということで生まれたものです)。

サンフランシスコに住んでいる友人は、電車の乗り換えがわからず駅員さんに尋ねたら、足を机に載せ、携帯電話で話しながら「ちょっと待って」と言われたといいます。

そんな怠惰な勤務態度は、日本では絶対に許されません。しかし彼のような人は、めずらしくありません。

何不自由ない生活ができる権利意識、仕事がもらえて当たり前、という権利意識……。そうした権利を要求するに足る自分かどうかは考えていないのです。

しかし、それはアメリカ人の本来の姿ではありません。

アメリカ人は、もともとは自分たちの力で開拓し、栄光をつかみとろうとする精神をもっていたはずなのです。

一方、日本人を見ていると、一見控えめで権利意識があまりないように感じます。

日本人の口からよく聞くのは、

「私なんかまだまだです」

「こんな至らない自分を働かせてもらえるだけで十分」

「勉強させてもらいながら給料をもらえるなんてありがたい」

「こんな機会を与えてくださり、ありがとうございます」

「こんな名誉な場面に同席させてもらって感謝しています」

「いまの自分があるのは、支えてくれているみなさんのおかげです」

といった、非常に謙虚な言葉です。


10人中8人くらい権利意識が強い人のいるアメリカに比べて、日本は10人中2人くらいではないか、そんな感覚で見ています。自己アピールが強く、権利もきっちり要求する国で生まれ育った私には、こうした日本人の控えめな言葉をたくさん耳にし、最初は驚きでした。

ところが、ほんとうは日本人は、決して控えめなわけではないことがだんだんとわかってきました。日本人のこうした発言の奥には、「まだまだ感」があることに気づいたのです。何をやっても、いくつになっても、日本の人たちは「自分はまだまだ頑張る」という積極的な意識をもっています。

以前、スタッフの日本人女性に、賃貸契約に必要な書類の作成をお願いしたところ、細かいところまで行き届いた完璧なものが仕上がってきました。

私は感動して、「すばらしいですね。こんなにパーフェクトに整えてくれて、ありがとうございます！」と伝えたら、彼女は「いえいえ、まだまだです。もっと完璧を目指したいのですが、時間が十分でなくて……。次回はもっと頑張ります」と答えました。

私からすると、十分に完璧に見えるのに、もっと上を目指したいという彼女の向上心に感心しました。

彼女のように、日本人の多くはつねにレベルアップしようと自己研鑽《じこけんさん》をつづけています。そういう人は当然、「もうマスターしているから、このままでいい」とあぐらをかいている人をそのうち追い越してしまうでしょう。

この意識があれば、日本人が日本を出たときに非常に強いです。「自分はまだまだ」という気持ちがあれば、だれに対しても上から目線にならないので、だれからも受け入れられ、仲間に入りやすくなるからです。どこへ行ってもコアメンバーになれる。頼られる人になりやすい。そこから生まれるチャンスは山ほどあるでしょう。

世界の距離がこれほどまでに近づき、国際化が進んだ現在だからこそ、みんなが過剰な権利意識を捨てて、日本人の「まだまだ感」に学び、謙虚になるべきですね。

第2章

世界の人から尊敬される日本人の美意識

1 〝目立たない努力〟に格好よさを感じる日本人

先日宮崎県の小林市で、インバウンドのコンテンツを外国人目線から発掘するためのリサーチトリップを行いました。

そのなかで、プロフェッショナルモニター2名と組んで、宮崎県小林市のオンリーワンを一生懸命に探し、観光客から見た小林市の魅力、観光客の受け入れ体制について提案するセミナーにも参加しました。

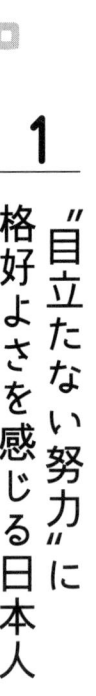

そのセミナーの事前打ち合わせで、私たちのチームの1人が「多言語音声案内システム」について、来た人にプレゼンしたいと言いました。とても便利なもので、日本のほかの街や博物館で成功例もしっかりあります。

しかし、フィードバック中心のプレゼンで「押し出す営業」をするよりも、成功例を紹介し、観光客対応の1つの手段として説明することにしました。

そして、名刺交換の後、興味のある方に手書きのお手紙を同封したパンフレットを送ることが、〝さりげない静かな営業〟になるという結論になりました。控えめな営業が重要だと、日本滞在のあいだで私たちはよくわかっていたからです。

日本人はさりげないアプローチ、控えめなスタンスが大好きなのです

じつは、多くの外国人がこの日本の控えめなスタンスを称賛し、かっこいいと思っています。

海外のメディアも「under the radar（目立たない）好みの日本」に注目しています。

多くの外国人が情報源として見ているニュースサイト「Quartz」では、頻繁に特集を配信します。先日は「ジャパニーズデニム」が取り上げられました。

世界トップ10のデニム企業の多くが日本の企業だというのに、そこで強調されていたのは、それぞれの企業が、どうやってここまで控えめな状態を保てているのか、

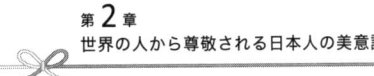

ということでした。

「日本はアピールが下手」と日本人から説明されたことがあります。たしかに日本人・日本企業はアピールが苦手なところもありますが、「隠れて結果で見せる」ことを好むだけのことです。世界一のもの、世界のほかのところにないものをもっているのは、まさに日本人が好む状態ですね。


ジャパニーズデニムは、世界中のデニムファンのなかでは、1つのブランドであり、ステータスにもなっています。昔のようなカジュアルなジーンズと異なり、よく見ないと気づかないくらい濃い色のブルーデニムが、ビジネスパーソンの間でも人気があります。

ワイシャツやネクタイに黒のブレザー、そこにジーンズを組み合わせる。こういったオシャレな男性の姿が増えているのを、みなさんもお気づきでしょう。

アメリカのシアトルに住む弟の話によると、日本のジーンズをはいていると周りから、「それは○○版ですか」と聞かれるそうです。ジャパニーズデニムについてくわしい人が世界中で増えていることを実感します。

控えめで堂々とせず、静かに大きな成果を出す日本人の姿勢を見ると、同じこだわりをもつ外国人もどこかでほっとします。来日して、居場所を見つけたと言う友人もいるのです。

外国から来た知り合いは、日本の道路の平らな仕上がりを見て「完璧に平らで、真ん中の白い線も真っ白で、すごい完成度！」と感動していました。仲間を見つけたような気持ちになります。

「ナンバーワン」をあえて主張したがらない日本人の気持ちに共感する人が世界中にいますし、日本人のみなさんは「アピール上手にならなきゃ！」とプレッシャーを感じる必要はありません。

目立たないこともすてきな美徳であることをぜひとも自負し、自信をもっていただきたいです。

2 世界がまねできない「清潔感」へのこだわり

長男が2歳のときのこと。私たち親子は、里帰り先のハワイでブランチを食べていました。

実家があるオアフ島・パールリッジの円形レストラン、「アンナミラーズ」のパンケーキブランチは最高です。シロップとバターがたっぷりのったパンケーキに、ベーコン・カリカリハッシュブラウンと、おいしいコーヒー……。ボリュームたっぷりな「アメリカ式ブランチ」です。

気持ちよく食事を終え、子どもの散らかしたテーブルを整え、お皿を重ねていると、それまでざわざわしていたレストランが、突然静まり返りました。

ふと周りを見回して、ほかのお客たちやウェイトレスの視線を浴びていることに気がつきました。

ウェイトレスがやってきて、こう言います。

「10年間ウェイトレスをやっているけど、自分たちでここまで後片づけをしているお客さまははじめて！　ＧＲＥＡＴ！」

「日本では普通ですよ。大丈夫、こちらでやります！」

これが日本の「常識」と、世界の「常識」の差なのです。

帰国するたびに、「Japan is clean and spotless.（日本人ってすごく清潔らしいですね）」と言われます。外国から来る人にとっても、日本の清潔さが印象的なのです。


海外へ行っても、日本ほどの「清潔感」を保っている国はとても少ないです。

海外のホテルのフィットネスの更衣室では、ときどきスリッパがなければ床を踏みたくないときがあります。見た目がよくても、細かいところで不潔に感じる場所がたくさんあるのです。それは日本以外の国では、自分がほかの利用者のために清潔にしよう、ということがほとんどないからです。

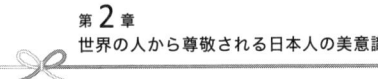

清潔な施設を維持するために、施設の責任者や担当者だけでなく、利用者1人ひとりが協力するというのは、日本的な考えです。

喫煙者は吸殻をきちんとマナーパックに入れる。

自分の家の前の道路だけでなく、となりの家の前まで掃除をする。

レストランでは、食べ終わった食器の後片づけをする。

白さとアイロン線が目立つワイシャツをはじめ、磨かれた靴、手入れされた指先など、自分自身の体から始まって、やがて街や国家にまで定着した「清潔感」。

清潔感へのこだわりは、日本人ほぼ全員が共有している「気遣いやおもてなし」の精神です。

日本の誇るべきものは、伝統や歴史だけでなく、あらゆる場所で習慣化した「清潔な気遣い」と、「衛生的なおもてなし」なのです。


そして、清潔感もさることながら、都会の人たちを見ていると、日本人、特に女性はおしゃれな人が多いなあと感心します。おしゃれなレストランをはじめ、アパレルショップや街などに、とりわけ敏感なのです。

もちろん、ファッションの発信地、ニューヨークやパリに行けば、スタイリッシュな人たちはたくさんいますが、日本人ほど上から下まで完璧にキメている人はそう多くはないでしょう。おしゃれの基準が高く、多くの人がおしゃれを極めたいと思っているのは、世界のなかでもおそらく日本がトップクラスです。


ワールドカップブラジル大会では、ゴミを拾う日本人サポーターが称賛され、「自分たちが汚した場所を、きれいにして帰るのは当たり前」という日本人のコメントを、どこかで読みました。

彼らは「おしゃれ」という言葉は使っていませんが、「汚したまま帰るのは、おしゃれじゃないよね」ということなのでしょう。だから、ゴミを拾おうとか、片付けようというモチベーションになるのです。

私はこのような、日本人のおしゃれ意識も、もっといろいろなことに活用できるのではないかと考えています。

たとえば、自然災害に遭い、何年経っても仮設住宅での暮らしを余儀なくされている人たちが日本各地にいます。

本来であれば、もっと復興が進んで、いまごろはみんなまともな住宅に住めるはずだったのに、いまだに状況が変わらないのは「おしゃれではない」と言えるのではないでしょうか。被災者の住宅需要に応えることができないから、3年、4年と延長するのは、とても残念なことであり、このことにもっと声をあげるべきでしょう。

そして、こういったとき、団結力をつくるには「ポジティブな共通点」が必要です。そういう意味で「おしゃれ」の基準はだれでも共感できるポジティブな気持ちですから、どんなに大きなハードルがあっても、立ち向かうパワーが湧いてくるはずです。

こうしたアプローチをすれば、ネガティブな圧力を突破し、みんなが前向きにその改善策に取り組めるのではないでしょうか。

もちろん、そんなに簡単にはいきませんが、日本人のこだわりの1つである「おしゃれ」というキーワードをスローガンとして、社会を動かしていけるのではないかと、期待しています。

3
駅で見つけた「空気のような親切」

以前私の住んでいた場所の最寄駅は、ＪＲ横須賀線の保土ヶ谷《ほどがや》駅です。そして、毎週日曜日に通っている教会の最寄駅がＪＲ京浜東北線の洋光台《ようこうだい》駅です。

鉄道会社の方針なのかもしれませんが、この2つの駅には、共通した、ちょっとすてきなものがあります。

その写真をフェイスブックにアップした途端、海外にいるたくさんの友人から、

「毎日ですか？」

「おそらく、アメリカにはこういうことはめったにないでしょう」

「日本ってほんとうに、すてきな国なんですね！」

などという驚嘆の声が続々と届きました。

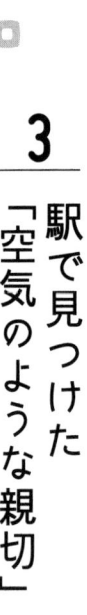

こう言うと、何かすごいことのように思われるかもしれませんが、おそらくみなさんも目にしたことがあるのではないでしょうか。

毎日が忙しいと、つい見過ごしてしまうほど、控えめにそっとあるもの。

そうです、花の交流会など、さまざまな団体が提供している「生け花コーナー」です。

私は日本に滞在して、早くも30年近くになります。この間、駅で数え切れないくらい「生け花」を目にしてはいたのですが、以前はじめて、実際に「駅花」を生けている様子を見ることができました。

私の母親くらいの年齢の女性が、騒がしい駅構内で、静かに作品を創作していました。彼女からは、まわりの喧騒とは一歩離れたような、静かな空気が漂っています。

思わず「いつもありがとうございます!」とお礼を言うと、にっこりと微笑んでくれました。

朝晩の通勤に追われ、お花のアーティストにお礼を言うチャンスは、その一度しかありませんでした。

彼女のような心のゆたかさ、コミュニケーションの美しさを、いまの日本人は忘れてしまいがちでは、と心配になります。

生け花を写真に収め、同僚に見せることで、その日はゆたかな気持ちになることができます。それだけでなく、仕事に対する意識も高まり、お客さまへの感謝の心も芽生えてくるのです。

今夜、駅にはどんな花が飾られているのだろう？

なんだか花がおしゃべりして「お帰りなさい」と言ってくれているようで、ちょっとワクワクしています。この気持ちはたぶん、私だけではなく、疲れて駅に戻る何万人の人たちも感じているに違いありません。

日本にいると、このような「空気のような親切」を感じることがあります。それは私たち外国人にとって、日本人がもつ格別な「おもてなし」の心の表現のような気がします。

その心の表現が、あるものは習慣になり、あるものはルールや常識やしきたりになって存在しています。

これこそが、日本人自身が気づいていない、外国人が憧れる日本流のシンプルな美しさなのです。

4
話す声にも「気持ち」をのせる繊細さ

日本の言葉は深く繊細で、微妙な心を伝えることができます。日本人ほど、気持ちの微妙なニュアンスを感じ取ることのできる人たちはいません。

以前、外国人の同僚に、

「ルーシー、普通に日本語で話しているときのあなたの声は、２オクターブくらい高いって知ってた？」

と言われたことがあります。

声を高くして明るく親切に聞こえるようにすることを、無意識のうちに覚えていたのです。逆に、低い声のときは、いつのまにか神経質な気持ちになっています。

日本人は、言葉だけに頼らず、敏感な声のトーンでも気持ちを伝えることができるのです。

日本の大人たちは、「最近の若者の日本語はだめだ！」と盛んに言います。

けれど、アメリカ出身の私からすると、日本語の「いいじゃん！」とか「エモい」などのスラングは、アメリカで一般的に許されている単語に比べれば、とてもかわいいものです。

翻訳家の戸田奈津子さんが、映画の翻訳でとても苦労しておられるのではないかと心配したくなるほど、アメリカでは日本語に訳しにくい、乱れた言葉があります。直訳できない下劣な言葉を、彼女は日本語の表現に切り替え、ニュアンスを巧みに伝えているのです。

私は牧師の家庭だったため、教育がほかの家庭より厳しく、アメリカ的なバッドワードを話すことは固く禁じられていました。

「hate（憎む）」という言葉も禁じられていましたし、人を憎むことは人殺しと同じという意識を、子どものころからもたされていました。

家族でピクニックに行ったとき、私はジュースをこぼしてしまい、アメリカ人がよく口にする「S××T」という言葉を、父親が聞こえるところで口にしてしまったことがあります。

その瞬間、地球の終わりかと思うほどの暗いムードが広がりました。そして、「家に入りなさい」という父親の一言。

私は心の底から怖くなり部屋に逃げ込んだのですが、親に呼び出されて、洗面台の横にあった石鹸で、なんと「口洗い」をされたのです。

それは、いまになっても強烈な……大切な思い出です。

言葉は、心のもち方をつくり、心のあり方を変えます。だから私は、日本語を習い始めたときに、自分の生い立ちと重ね合わせ、とても深い親近感を覚えたのです。

平然とバッドワードで頻繁に表現する外国の人たちに、日本人から美しい表現スタイルを教えてもらいたいものです。

5 「おみやげは個数の多いものを」という気遣い

日本には、会う相手に「手みやげ」をもっていく、という習慣があります。アメリカでは、訪問先におみやげをもっていくことはほとんどありません。

私が「おみやげ文化」に感動したきっかけは、坂本光司先生が書かれた『日本でいちばん大切にしたい会社』（あさ出版）でした。

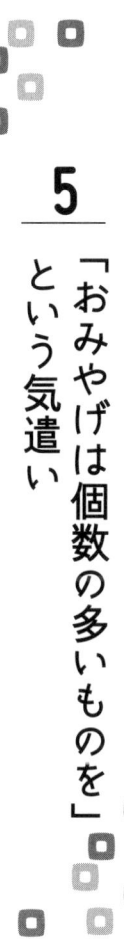

日本の習慣を知らない外国人にとっては「手みやげ」だけでも驚きですが、坂本先生のお話をうかがって、私はさらに感心してしまいました。

本のなかでは、知的障がい者が社員の70％を占めるという会社が紹介されています。「日本理化学工業」という、主に学校などで使うチョークをつくっている会社です。

知的障がい者を受け入れることになったのは、昭和35年のこと。養護学校の教師が、卒業を控えた15歳の女子生徒2人の就職を頼みにきたことから始まった取り組みです。

当時、社長は障がいのある人材を雇うことに躊躇《ちゅうちょ》しましたが、社員のほうから「自分たちがみんなでカバーするので、どうか彼女たちを採用してあげてください」と言われ、決断したそうです。

この会社のすごいところは、障がい者を一時的に雇うのではなく、今日までのおよそ60年、継続的に知的障がい者の雇用を行っているところです。

しかも、障がい者が働きやすいように工場に工夫をするなど、作業効率を高める努力を徹底し、国内チョーク業界のシェア30%を誇るトップメーカーになりました。

障がい者は福祉施設に入所するケースがまだまだ多いです。そんななか、働きたい意欲のある障がい者に道をひらき、社会に貢献しながら企業利益を追求していくことは、並大抵のことではありません。

それを60年も実践し、「障がい者も企業の貴重な労働力になれる」ということを実証しているこの会社に学びたいと、日本国内はもちろん、世界各国から見学に訪れる人が後を絶たないそうです。

訪れた人は、働いている様子を見学させてもらったり、社員の人の話を聞かせてもらったりしながら、自分たちに応用できるヒントをもち帰ろうとします。

そして、工場に併設している販売所で、チョークをたくさん買って帰ります。障がいのある人たちがイキイキと働く姿に感動し、この会社を応援したいという気持ちになるかもしれません。

私のようなアメリカ人が、どのような方法で感謝や支援の意思を伝えるかというと、その企業の製品やサービスを、積極的に買うことでサポートします。

「Buy American」「Buy Japanese」などという表現もあるように、モノを買うことで、企業や国を応援するのです

障がいをもっている人たちは、家族との深い絆があり、家族を頼りに生きていいます。だからこそ、自分がいただいたものはもち帰って、家族と分け合うことがひとつの楽しみになっているそうです。

ですから、坂本先生は見学者に、「見学に行くときは、社員がもち帰れるように、個数の多いお茶菓子などを手みやげとして持参してください」と、事前にアドバイスしているのだそうです。

相手が置かれている状況をシミュレーションし、その内容にまで心を砕くなんて、ほんとうにすばらしいと思います。

これこそが「日本の美しい心」ではないでしょうか。

6 日本人の会話の裏にある美意識

「日本人が世界に誇れること」をテーマに執筆していると、不思議なジレンマを感じることがあります。日本人のほめられるべき、評価されるべき多くのことを日本人に話すと、必ず否定されてしまうからです。

たとえば、日本の治安のよさをほめると、「でも、アメリカのほうが住みやすいじゃありませんか」と反論されます。

また、日本の男性の忍耐力や芯の強さを評価すると、「でも、アメリカの男性のほうが優しいでしょう」という反応が返ってきます。

こういう反応に接して、はじめは「日本人は、自分の国が嫌いなのだろうか?」と思ってしまいました。

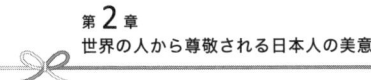

しかし、日本語の語学力を磨くにつれ、日本人の反応の裏にある、ある種の「美意識」に基づいた話術に気づいたのです。

一見否定的な日本人の反応は、謙遜して相手を持ち上げながら会話を上手につづけるための話術のひとつだったのです。

日本人は、非常に「ほめられ下手」です。

しかし私は、この「ほめられ下手」なところが、むしろ、日本人の大切な長所だと思っています。〝威張らない日本人〟〝調子に乗らない日本人〟が、私の目から見て、とても美しく映るのです。

この「威張らない」「相手を持ち上げる」姿勢は、世界に向けて、胸をはってアピールしてほしい日本人の長所です。

そして、ほんとうは、ほめられ下手なのではなく、相手を敬うという〝心のあり方〟から相手の良いところを見ようとする姿勢が生まれて、謙遜する話し方になるのです。

私は、多くの国々を、営業活動で訪れました。また、インド、中国、香港、台湾、レバノン、イギリス、イタリアなど、あらゆる国のビジネスマンのためのサービスアパートメント業などを通して、延べ7000人の外国人たちに接してきました。

仕事のなかで、日本国内でも、海外でも、日本についてコメントやスピーチをしばしば求められてきました。一種の「なぞ」と思われている日本人の人間関係のつくり方やビジネススタイルを説明する役割を担ってきたつもりです。

そのときに、いつも外国人に話すのは、「日本人の謙遜は、まちがいなく日本人の長所である」ということです。

これは、グローバルステージで活躍する世界中のビジネスパーソンが学ぶべきところです。日本人はもっと自分たちの会話のあり方、コミュニケーションの仕方に自信をもってほしいのです。

7
「手間をかけること」に幸せを見出す

数年前、義母が突然倒れ、残念ながら天国に行きました。私は子どもを連れて闘病先の福岡に行き、危篤状態の義母と3日間ほど、最期の時を過ごしました。

彼女は昏睡状態でしたが「耳は最後まで、聞こえることもありますよ」と看護師さんがおっしゃったので、病室は賑やかな談話室のように様変わりしました。

息子と娘が義母の手をそれぞれ片手ずつ握り、子どものころ教えてもらった子守歌を歌ったり、思い出話をしたり、お祈りしたりしました。

娘のハナは「マイケル・ジャクソンに会ったら一緒に踊ってね」と話しかけたり、料理が得意な義母の〝天国の台所〟はどんなタイプかな、と想像したりしていました。

寂しい気持ちではありましたが、心静かな、ある意味ではポジティブな「お別れ」

ができました。

彼女の死を迎えるまでは、ほんの少しの時間があったので、心の準備ができ、いくぶん突然の悲しみの打撃からは救われたように思います。

病室と福岡の実家を往復する3日間、私は実家の義母の部屋を使わせてもらいました。

朝起きると、彼女が長年大切にしていた嫁入り箪笥《だんす》の上に、孫の写真が飾ってありました。その写真を見つめていると、義母の才能ともいえる不思議な能力を改めて実感しました。

彼女は家族や友人、あるいは知人のために尽くすことが大好きでした。彼女自身が何より、人に尽くすプロセスそのものに喜びを見出していたのでしょう。

アメリカは、「手段（プロセス）より結果を重視」という考え方の国です。お皿の汚れが落ちさえすれば、食器洗い機でも手洗いでも、どちらでも構いません。

しかし、日本人である義母は、洗剤の香りを楽しみ、歌をうたいながら、一枚一枚を完璧に洗い上げることに喜びを感じていました。自分で仕上がりが確かめられない「食器洗い機」に、人様に出すお皿は任せられない……と嫌がっていました。

ささいなこと、面倒なこと、もっと言えば困難なことであっても、考え方次第では、そこに幸せを見つけることができる。それを1つひとつつなげていけば、毎日のエネルギーのもとになる喜びに変えることもできる。それが人生なのだと教えられたように思います。

咲いているお花の鮮やかさ、強く吹いている海風、新鮮野菜の香り、孫の笑い声、友人とのちょっとした会話などの1つひとつが、人生のスパイスとなり「幸せ」という料理になるのですね。

このレシピを教えてくれたお義母さん。ありがとうございました。

第3章

世界の人が驚く日本人の習慣

1 他人に誠実に接するのは当たり前

数年前、ボストンへ出張に行くことがありました。

紅葉が美しく、キリッとして爽やかな海風、懐かしい街の香り――大学時代を過ごしたボストンは、やはり〝心の和む〟場所です。

でも、そのボストンで、日本で暮らすことの「幸福」を改めて感じてしまいました。

「ここはアメリカなのだ！」と身を引き締めたのは、出張先でセミナーが終わった直後。会場に隣接しているホテルに戻ると、なんと、息子がお小遣いをまめに貯めて買ったデジタルカメラが見当たりません。

セミナー会場に置き忘れたと思い、すぐにセミナー本部に電話を入れて、会場の近くにいるスタッフに、急いで探しにいくように頼みました。

見つけるのが1分でも遅れると、なくなってしまう恐れがあるからです。

自分で会場に戻ると約10分かかりますが、本部のスタッフが動けば約6分で行くことができます。

そうです。その差の4分でも油断できないというのが、アメリカでは現実的な考えなのです。

牧師だった父に教えられたのは、「ものを盗まれたときは、自分より相手のほうにそれが必要だったのだと思いなさい」ということでした。

格差がある以上、盗まれることを前提に考えて生活するのがアメリカの考え方なのです。最近では、世界のどの国でも、そうした考え方が常識かもしれません。

数年前、ラスベガスに子ども2人を連れて高校の同窓会に行ったときも、友人からこんな警告を受けました。

「いまのアメリカでは、自分を狙っているだれかがいる、隙を探しているだれかがいることを大前提として生活したほうがいいよ。つねに子どもを監視し、守る姿勢を忘れないほうがいい」と。

でも私は、そんな生活はしたくありません。

「悪」ではなく「善」を前提にして、日常生活を過ごしたい。

そんな気持ちは贅沢すぎるのでしょうか。

3歳の息子を連れて、山手線の品川駅で下車し、横須賀線に乗り換えたときのことです。電車を降りてから、棚の上に自分のかばんを置き忘れていることに気づきました。

駅員さんに聞くと、1時間後にその電車が駅に回ってくることがわかったので、息子と一緒にホームの立ち食いそばを食べ、電車が来るのを待っていました。

電車は、駅員さんが言ったとおりの時間に戻ってきました。

そして、かばんは、置いたままの形で棚の上にありました。この話を外国人にするたびに驚かれ、「日本はほんとうに特別な国なんだね」と言われます。

電車内で、通学中の娘が具合を悪くしたときも、横にいた日本人のサラリーマン風の男性が、すぐにハンカチを差し出し、汚れの上に新聞紙をかけ、停車駅で「僕たちが片づけるから降りなさい」と優しく見送ってくれたそうです。

そういう人が大勢いることが当たり前の日本という国の人々は、ほんとうに幸せです。

他人への配慮、モラル、誠実な気質を、日本から自分の子どもが受け継ぐことができたら、母親として最高に幸せです。

2
「落とし物」を自分のものにしない

東日本大震災に関するニュースで、世界的に波紋が広がったものがあります。48億円の現金が返却されたというものです。被災地の瓦礫《がれき》のなかから見つかった現金や金庫が、役所に次々と届けられたというのです。

はじめての来日から約23年経ったときでしたが、日本人の「誠実な心」に慣れてしまい、こんな美談にもあまり驚かなくなったことを不思議に思います。

震災で48億円の現金が戻されたという報道は、日本人がもつモラルの高さと美意識を改めて世界に広めました。海外の人々は、驚きをもってそのニュースを受け止めたに違いありません。

日本人は1人ひとりが、不思議なモラルと見識をもっています。そうした1人ひとりの、いわば小さなモラル力が、日本人全体のモラルを創造しているのかもしれません。

日本人にとっては当たり前でも、世界の人々が心から驚いてしまうようなことがあります。小さなモラル力の典型的なできごとが、職場のビルで起こりました。

ある日、事務所がある2階のエレベーターホールの壁に「落とし物」の張り紙がありました。「心当たりのある方は管理人事務所まで」と書いてあります。

そういう「落とし物」の張り紙には、たいてい傘とかハンカチなど、何が落ちていたのか書いてあるのですが、そのときはなんと「現金」です。

これこそ、日本の誇るべきモラル力の表れでしょう！

千円なのか2万円なのかは書かれていませんでしたが、金額が問題なのではありません。

だれかが床に落ちている現金に気づく。周りには、監視カメラもなく、人影もありません。それでもその人は、自分のポケットにお金をそっと入れてしまうことなく、管理人事務所に届けたのです。

このような行為は、海外では見たことがありません。

いまはお金があふれるバブル期ではありません。不景気で、多くの人がお金に困っているいまだからこそ、なおさらこのモラルには驚いてしまいます。

日本人は、状況が厳しくなればなるほど、共存と共有の意識を強めるというのでしょうか。コミュニティーができるのは、好況のときではなく、不況のときなのでしょうか。

多くの国では、厳しい状況のなかでは当然のように個人行動をとりますが、日本ではその逆だというのでしょうか。

このメンタリティー（精神性）の根拠を学び、厳しい状況にある自分の母国でも参考にしたいと思います。この特別なメンタリティーを吸収し、世界の仲間に伝えていきたいのです。

3 「沈黙」が日本では武器になる

20年ほど前のことです。

出産まもない時期に、タクシーの運転手さんに、「アメリカの女性は出産後にすごく太りますね。みんな、そうなんですか？」と聞かれました。体型を気にしていたのですごく腹が立って、泣きながら「失礼ですよ！」と怒鳴り、降りた後でタクシー会社にクレームを入れたことを覚えています。

しかし最近は、そうした失礼な運転手さんに遭遇すると、黙って一言も話さないようにしています。すると車内の空気がどんどん重くなり、運転手さんの態度が変わって、やさしくなることがあります。「沈黙」によって状況がよくなり、気持ちよく車を降りることができます。黙ることで、私の抗議が伝わるのです。
これは、やっと覚えた日本流の「沈黙の技」のひとつです。

また、コンビニの店員さんは、支払った料金が間違っていても、黙って私が気づくのを待ってくれていることがわかってきました。

アメリカでしたら、「すみません、足りないのですが。あと10円です！」とすぐに指摘します。しかし日本では、沈黙を通してメッセージを送るのです。

仕事でも、有効な「沈黙」の効用を経験しました。

たとえば、社内の会議で、何かの提案について「ルーシーはどう思う?」と上司に聞かれたとき、はじめのころはすぐに「反対です」「賛成です」と即答していました。

けれど、ふと横を見ると、同じような意見をもっている同僚はみんな黙っています。それに気づくのに何年かかったか。

やっと理解したのは、賛成でも反対でも、〝即答する〟ことは「生意気で非常識」と思われがちだということでした。

アメリカの東海岸の学校でやっているアメリカ的な「意見交換学習」は、「交換」というよりもバトルです。勝ち負けの意識が強く、先生が仲介役を演じ、やっとその場を収めることがたびたびあります。

これに対して日本は、話し相手、特に上司や同僚に配慮して、少しでも恥ずかしい立場にしたくないと考えます。

かつては静かに反応する日本人を見て、「無関心」と勘違いすることがありました。けれど、いまでは日本流の「沈黙による自己コントロール」を何とかして身につけようと努力しています。

日本人は無意識に行っていると思うのですが、私のように自分の考えを明確にすることが習慣となっている外国人にとっては、気持ちをおさえることはなかなかむずかしいのです。

ぜひ日本人のみなさんは、日本の美徳でもある「沈黙」という会話技法を、他国出身の知り合いに伝えてください。

気持ちが熱くなるときこそ「沈黙」で冷静さを取り戻す日本流コミュニケーションを説明してあげると、日本人への理解が一気に深まるに違いありません。

4 贈り物で心の距離を近づける

アメリカでは、相手への感謝の気持ちを、言葉でダイレクトに伝えます。

そして、どのような表現がお礼の気持ちを表すのにいちばん適切かを、真剣に時間をかけて考えています。

幼いときから、この人に何を言えば相手がハッピーになるか、言葉の訓練をしてきているのです。

この結果、日本人から見ると照れくさくて言えないような、大げさなリアクションをとっているのかもしれません。普段の会話が、まるで結婚式のあいさつのように聞こえることもあるでしょう。

私たちがそんなふうに言葉でオーバーなぐらいに表現するかわりに、日本人は感謝の気持ちを、おみやげなど、言葉ではない表現方法で表すことを好みます。日本人は、アメリカと比べると「言葉に頼らない気持ちを表す表現」のほうを磨いてきているのでしょう。

これは、どちらがよくてどちらが悪いということではありません。日本人の表現の、大きな特徴なのです。

私も日本での生活が長くなり、出張などに行くとおみやげを買って帰ることが多くなりました。

博多に行けば「明太子」、京都なら「八ッ橋」、北海道なら「白い恋人」など、いわゆる、おみやげの定番を買っておけば無難だろうと思い、さっさと買ってしまいます。

しかし、日本の人たちは空港や駅のおみやげ屋で、すごく時間をかけて何を買うかを選びます。

私はいつも、「いったいどうしてそんなに時間がかかるのだろう」と不思議に思っていました。

ところがこれは、日本の人たちは、差し上げる相手の好みや家族の状況などを考えたうえで、どんなものだったら喜んでもらえるかを吟味しているからだということが、やっとわかりました。

渡す相手のことを真剣に考えてのことなのであって、迷っているとか選び切れないとかいうことではありません。

日本人と外国人の間にはこうした表現方法の違いがあるため、コミュニケーションギャップが生まれることがあります。

それを象徴するようなエピソードがありました。

英語圏からやってきた若い女性が、日本の職場になじめず悩んでいたときのことです。コミュニケーションを重んじる英語圏の人からすると、日本語が不自由なため自分の気持ちを表現できないことでフラストレーションがたまり、疎外感を覚えたといいます。

そのことをホストファミリーに相談したところ、

「職場のみんなのためにクッキーを焼いてみたらどう?」

とアドバイスされたそうです。

日本人のみなさんなら「いいアイデア!」と思うかもしれませんが、私たちは不思議に思ってしまいます。

おいしくつくれるかどうか自信がないし、それこそ照れくさいのです。

それでも彼女はホストファミリーのアドバイスどおり、クッキーを焼いて職場にもっていきました。

「私が焼いたクッキーです。よかったらどうぞ」とみんなに配って回ったところ、本人も驚くほど、同僚との距離が一気に縮まったそうです。

また、こんなこともありました。ある不動産仲介業を営む会社での話です。

ある物件の売買契約がまとまったのですが、地価や物価の下落の影響から、売り主の希望価格より何割か安い金額で売ることになってしまいました。

そういうとき、売り主は、普通は損をしたと思うはずです。

ところが、この売り主は違いました。

品のいい白髪の女性で、われわれが仲介業者と行政書士の立ち合いで契約を結ぶ当日、来社した彼女はいかにも高級そうな紙袋を抱えていました。

それはなんと、購入者と仲介業者、そして行政書士に対するお礼の品だったのです。

しかも、おおげさに渡すのではなく、

「このたびは買ってくださり、ありがとうございます。お世話になりました」

とごく自然に、さらりと差し出されたのです。

私はその心遣いに感動し、頭が上がらない思いでいっぱいになりました。

おそらく70代の方でした。ご両親の姿を見て、古い日本式の礼儀作法を子どものころから学んで育ったのでしょう。

どういうときにどんな配慮が必要か、礼を尽くすとはどういうことか、彼女は自然と身につけているように見えました。

「Thank you」という気持ちを表現するために、ちょっとしたものを贈る。何でもいいのではなく、相手が喜ぶものを吟味しながら選ぶ。

私も、日本のみなさんがそうであるように、そういうことが自然とできる人間でいたいと思います。

最近は、お中元やお歳暮、年賀状など、日本らしい気持ちの表し方をインターネットですませたり、「虚礼だから」と言ってなくしたりする方向にあるようですが、私はこの美しい日本の習慣を大事にしていきたいと思っています。

5 日本人の感性が生み出す〝究極のおもてなし〟

伊豆半島にある「望水《ぼうすい》」という旅館を訪れたとき、象徴的な日本のおもてなしを経験しました。

フロントと売店が両脇にある、間口の広いロビー。その手前で靴を脱ぎ、スリッパに履き替えるあいだ、スタッフの気配はなくとても静かです。ゆっくりと、自分のペースで旅館と出会う瞬間を大切にしているのです。

美しい床の石や、深いばら色の木の柱。

永遠につづくような太平洋の水平線が、ロビー奥の窓の向こうで揺れています。

一段下がった喫茶スペースで腰を下ろし、うっとりしていると、いつの間にか手元に味やわらかな昆布茶が置いてありました。

いつ、どこから、だれがもってきたかすら気がつきませんでした。

これこそが、日本的なおもてなし……。

相手の心を読んだうえでのサービスの極致です。

このおもてなしには、特殊な能力、つまりもてなす側が、そのおもてなしを受ける側の喜びを感じ取り、満足を感じられる……という感性が必要です。

アンケートなどの情報収集で得る直接評価ではなく、「お客さまの幸せな笑顔」や「お客さまの笑い声」などの精神的な評価を汲み取らないと、なかなか到達できない精神的な能力です。


ある企業が地域に貢献するために、川の掃除に協力していることを先日雑誌で読みました。町の住民が子どものときに楽しんで遊んでいた川が年々汚れてきたため、みんなで川を復活させることを決めたという記事です。

そして、サポートしている社長の話を読んで感動を覚えました。

川をきれいにすることは、町を訪れる方々への「おもてなしになる」というコメントでした。

最近はサービス業のグローバル化が進み、比較的簡単な親近感の表現や、積極的なホスピタリティーを重んじる方向に、日本も変わってきているような気がします。

しかし、形式的に海外のマニュアルを取り入れるのもいいのですが、それよりむしろ日本的な「おもてなしの心」を大切にすることが、日本人にとって大事なのではないでしょうか。

6 会話術から見えた日本人の優しさ

私は日本人の会話術について、長い間勘違いしていました。

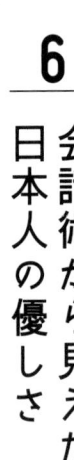

もともと私は世間話が苦手なため、天候やテレビ番組、家庭の料理などについてひとしきり話し、本題になかなか入らない日本人流の会話を苦しく感じていたのです。パーティーの席でも、政治やニュース、世界情勢について熱論を交わすことが好きな私にとって、表面的な世間話を長々している日本人どうしの会話を、ちょっと「浅い」と感じていました。

私にとって会話はチャレンジであり、これまでずっと、話術を使って〝楽しい対立〟をしてきました。意見が違っていたとしても自分の考え方を知ってもらい、相手の考え方を理解するための良いチャンス——。それが「会話」だという認識だったのです。

意見を交わし、お互いのアイデアや考え方を出し合ううちに発展し、より深くなることもあれば、意見がまったく一致しないときもあります。いずれにせよ、そうした会話に快感を覚えていました。会話に心地よさを求めるよりも、活気ある刺激を求めがちだったのです。たとえ意見が対立しても、そこにお互いの尊重があれば、「自分はこういう意見だけど、あなたは別の意見をもっているのね」と理解することで、またひとつ成長できるような気がしていました。

ですから、当たり障りのない心地よい話ばかりしている日本人どうしの会話は、どこかもの足りなかったのです。

自分の会話スタイルこそが、ほんとうのコミュニケーションだと思い込んでいましたが、大変な思いあがりであったと、あるできごとが気づかせてくれました。

リクルートで働いていたときの同期会でのことです。

私たち同期は非常に仲がよく、それぞれ独立してからも定期的に集まって、近況報告をしながら食事を楽しんでいます。

その日も、リクルートにいたときのことや、お互いの近況の話に花を咲かせていました。

じつはそのとき、私は大きな転機にあり、暗闇のなかをさまよっていました。幸せになれると思っていた結婚生活が、崩壊寸前だったのです。夫から離婚を宣告され、自分を否定してばかりいました。

国際結婚だったため、お互いの文化や習慣の違いを理解し、歩み寄ることが必要でしたが、その努力が足りませんでした。相手の欠点ばかりが目につき、本来ならいちばん大事にしなければならない子どもたちに対する愛情や将来の夢が、共有できなくなっていました。まさに、どん底です。

私は同期仲間との楽しい時間を台無しにしたくない、同僚たちに心配させたくないという思いから、必死で苦しみを隠していました。みんなも特に気づかなかったはずです。

ところが、「だんなさん、元気?」と元同僚の女性から聞かれ、私は一瞬かたまってしまいました。

彼女にしてみれば、なにげなく聞いたのでしょう。重い空気が一気に流れ、みんなと目を合わせてしまいました。

いつもなら、「元気よ！」と明るく振る舞えるのに、このときばかりはカラ元気さえ出ません。

「だめかも……」

ぽつりとつぶやくと、それまで胸に溜め込んでいたものが一気にあふれ出し、そこでついに自分の事情を打ち明けたのです。

それでも、ようやく伝えられたのは「離婚かも……」という結論ぐらいで、心の奥底の暗い秘密の扉は、ロックがかかった古い倉庫の扉のように、押しても引いてもびくとも動きませんでした。

それ以上話すと感情があふれてしまいそうで、ずっと下を向いていたのですが、黙って聞いていたうちの一人が「じつは……」と漏らし、同じような深い苦しみを抱えていたことを話してくれたのです。

彼女の細い肩は震えはじめ、大きな涙がぽろぽろと落ちてきました。

私たちは抱き合い、気が済むまでしばらく泣いていました。

それからは彼女と何度か会って、お互いの近況を報告し合うことになりました。

幸い彼女は家庭を無事に守ることができ、いまでは大切な家族に囲まれて幸せに暮らしています。


日本人の会話は、まるで水面が暖かく心地がいい海のようです。

サーフィンをする人は、水面に浮かんで波が来るのを楽しみに待ちますが、日本人も会話の浅いところを楽しみながら、人生をスムーズに過ごしているように映ります。

水面にいるといつでも呼吸ができ、周りが見渡せるため比較的安全です。

私はあえて会話の海のなかに潜って、水面にいては見えないものを見たい、深い何かを感じたいと思います。そこは息が苦しく、心地いいとはいえない環境ですが、刺激的で発見や気づきがあります。私はそういう会話や人との関係を望んできました。

でも、同期会での一件を経て、日本人の会話術をもっと大きくとらえるようになりました。日本人の会話術、コミュニケーション術は、人生をスムーズに進めるための知恵なのだと気づいたのです。

そして、日本人も水面に揺られているだけでなく、ほんとうに必要なときは、海の底まで深く潜り、本質的な会話で人間関係を深めようとすることも知りました。

普段は水面の心地よさを楽しみ、ここぞというときは深く潜る。

それが日本人のコミュニケーションスタイルなのですね。

7
神秘的な〝裸のつきあい〟

私は日本の温泉や銭湯が大好きです。

広々とした湯船につかってゆったりするのは、もちろん気持ちがいいのですが、日本人ならではの〝裸のつきあい〟は私にはとても神秘的なものに思えるのです。

家族のなかではお父さんが子どもをお風呂に入れる役目だったり、親しい友人と温泉旅行に行ったり、日本人にとっては「お風呂」は毎日のコミュニケーションに大切な場ではないでしょうか。

そうした〝裸のつきあい〟を通じて絆を深めるというのは、人間本来のとても自然な行為なのかもしれない、そう思いました。

もちろん、私はだれかといっしょにお風呂に入る習慣のないアメリカからやってきたので、最初はとても違和感がありました。

男性から「いやあ、娘が12歳になったらお風呂にいっしょに入ってくれないんですよ」などと聞くと、当たり前じゃない、と冷ややかに見ていました。私自身も銭湯や温泉に入るのに抵抗を感じていました。

ところが、日本の友人に誘われて恐る恐る温泉に入ってみたら、とても気持ちがいい！

慣れてきて、まわりの日本人を見渡すと、裸だからといってジロジロ見回すような人は1人もいません。ごく自然にしている。

それがなんともいえない、美しい文化を醸し出しているのです。

そして、浴槽のなかに入ると、子どもからお年寄りまでいろいろな年齢の人がいる。若くて肌に張りのある女性もいれば、長い人生をともにしてきた体に、シワと年齢が表れているお年寄りもいる。子どもを産んだお母さんもいます。

体型はそれぞれ違うけれども、当たり前ですがパーツはみんないっしょです。そこに、人間的な深いつながりを感じます。裸のつきあいがあることが、人間の大切な部分を守ってくれているような気がしてならないのです。

私は、藤沢市の「江の島アイランドスパ」というリゾート温泉施設のアドバイザーを務めています。このスパには、水着で入れる天然温泉のプールエリアがあり、外国人でも気軽に入ることができます。

温泉を水着で体験した外国の方には、こうもちかけてみます。

「慣れていないかもしれませんが、小さいタオルがあるので、それをうまく使って、服をぜんぶ脱いで入る温泉に行ってみませんか？」

そう言うと、たいていの外国人は目を丸くして、

「え、ぜんぶ脱ぐの⁇」「男と女は別ですか？」

と聞いてきます。

別々ですから安心して、と言いながら、私もいっしょに行って案内します。

はじめは戸惑っている外国人も、日本人がごく自然に服を脱いでいる姿を見て、裸になってもジロジロ見られたりしないし、全然いやらしくない、そう安心して、

恐る恐るですが入っていきます……。

みんな裸の状態で普通に体を洗ったり、湯船につかって話したりしている！

その様子を見て、最後はリラックスして「ニッポンの温泉、サイコーね！」などと言うようになります。

「裸のつきあい」という感覚は日本人特有のものであり、世界に発信しても理解されないだろう。だから外国人とは共有しづらい文化だと思い込んでしまっている方が多いかもしれません。

実際、銭湯の入り口ののれんの「ゆ」や「湯」、「女」「男」など、あの文字が読めませんし、ロッカーの使い方もさっぱりわかりません。

でも、外国人は知らないだけで、興味がないわけではないのです。

こんなにユニークで、日本人の深い感性を理解するのに格好な「銭湯」「温泉」を、世界の「ＳＥＮＴＯ」「ＯＮＳＥＮ」にしないのは、あまりにももったいない！

日本にはまだまだ世界に知られていないすてきな文化があるということを、積極的に発信していこうではありませんか！

すばらしい日本のお風呂文化をもっとオープンにして、外国人にも伝えていただけたらうれしいです。

8 勤勉さは日本人の誇るべきアイデンティティー

私の知り合いに、インドのデリーで弁護士事務所を構えている弁護士がいます。彼から、インドで事業展開する日本企業の顧客がたくさんいるので、ぜひ日本人のスタッフを迎え入れたい、という相談を受けました。

そこで、私はある日本女性を紹介しました。

彼女は非常に優秀な女性で、子どもも大きくなって手がかからなくなったので、インドで仕事をしてみたいという希望もあり、採用が決まりました。

それから3カ月ほどして、出張でインドに行った際、その女性のもとを訪ねました。帰り際にエレベーターを待っている間、「インドの暮らしはどうですか？」と何気なく聞きました。

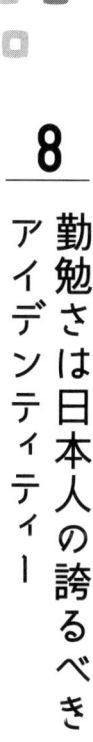

すると彼女は、シャンプーが自分の髪に合わないと言います。

私も日本に来た当初、同じ悩みで苦労したことがあったので、

「わかります、その気持ち。私もかつて日本に来たばかりのころ、頭皮がかゆくなって大変でした。でも慣れたら全然大丈夫になりましたよ」

と答えました。

ところが、その途端、彼女は堰《せき》を切ったように泣き出してしまったのです。

私は思わずハグしました。しばらくすると、落ち着いてきて言葉が出るようになってきたので、いったい何があったのか聞いてみました。


時間に正確で勤勉な日本人である彼女は、日本でしていたように、毎朝、決められた始業時間に間に合うように、余裕をもって出勤していました。身なりを整え、靴もピカピカに磨いて出社すると、それを理解できないまわりのスタッフからバッシングを受け、からかわれたというのです。

現地の社員たちは時間にルーズなため、1人だけきちんと時間を守る人間がいる

と都合が悪いのです。

また、デリーの街は、舗装されていない砂埃《すなぼこり》が舞うような道路がまだ多く、すぐに靴が汚れてしまいます。だから毎日靴を磨くなんてムダじゃないか、と言うのです。

彼女はこう言います。

「ここは弁護士事務所ですよね。お客さまは日本人が多いのですから、身なりを整えたり、清潔にしたりすることは大切なことだと思うのです。汚れた靴、だらしのない服装の相手に、仕事を依頼したいとは思いませんよね。……でも最近、自分が間違っているのだろうか、とわからなくなっているんです。よかれと思ってやっているのに、周りから白い目で見られつづけていると……」

なんて嘆かわしいことでしょう。

彼女がしていることは、まったく間違っていません。まじめに働き、お客さま第一に考えた接客をしようとベストを尽くしているのです。

しかし、そうした仕事に対する姿勢の違う人ばかりに囲まれ、冷たい目で見続けられると、その場所ではマイノリティの存在となります。どんなにいいことをしていても、「自分が間違っているのかもしれない」と自分を見失いそうになるのです。

こうしたことは、日本人が海外で活躍しようとするときに、一度はぶつかる壁かもしれません。

日本人の良い習慣は、海外とあまりにも違うため、海外の習慣に覆われてしまうのです。自分たちが積み重ねてきたものを実践しても通じなかったり、挫かれたりするうちに、だんだんとその国の習慣に合わせてしまいがちです。

その象徴的なエピソードを聞きました。

ニューヨークで世界一の寿司屋を開きたいという夢をもって渡米した、日本人社長がいました。

人通りの多い一等地にお店を構え、日本から一流の寿司職人を連れてきてオープン。最初は大繁盛して、彼は念願叶ったと喜んでいたのですが、1年半ぐらいすると、味のわかる日本人客から「味が落ちた」と言われるようになってしまいました。

彼は、このままではお客さまが来なくなってしまうと考え、原因を探りました。

そこでわかったのは、

「日本の寿司職人は、細部にわたってこだわりをもち、おいしい寿司を握ることに全身全霊をかけ、神経をとぎすませて取り組む。しかし、彼らも店から一歩外へ出たら『外国人』である。外国人扱いされればされるほど、自分たちのこだわっていたものは何だったのかと疑問を抱くようになる。そして、本人たちが気づかないところで、無意識のうちに、少しずつ、日本でのこだわりが薄れてきた結果、味のクオリティが落ちてきたのではないか」

ということでした。

そう考えた社長は、日本から採用する寿司職人を1年ごとに変えることにしたそうです。

なんとも皮肉な話ですが、こうした例はレアケースではありません。

ですから、海外にはなく、日本にある「何か」を自覚することが、日本のみなさんにとって大切な作業なのかもしれません。

日本には「謙遜」という文化があります。すばらしい文化ですが、海外の人と話をしたり、仕事をしたりするなどコミュニケーションをとったとき、その文化が裏目に出てしまうことがあります。

「謙遜」して、「日本の考え方は通用しないかもしれない」と感じ、日本のやり方で行動したり言ったりするのを遠慮してしまう面があるようなのです。

でも、私は声を大にして、みなさんに言いたいのです。

日本のみなさんがもっている「何か」は、世界に誇ってほしいことです。だから、謙遜などせず、自信をもって日本のいいところを表現してほしいと思うのです。

インドに来た彼女にも言いました。両肩をしっかりとつかみ、

「そのままでいいんですよ! あなたはそのためにここに来ているのですから。みんなを変えていくんですよ。勇気を出して!」

そう励ましました。その後は、社長の理解とサポートもあり、彼女はいまもこの弁護士事務所で働き、日本のいい習慣を実践しているそうです。

まったく異なる文化のなかで、日本流を貫き通すことはそう簡単なことではありません。信念、根性がなければつづけられないでしょう。

でも、日本人には相手のことを考えて行動する気質があります。

ビジネスの場では、お客さまのことを何よりも優先して考えます。まわりに理解されなくても、日本のやり方を貫くことがお客さまのためになる。

そんなふうに、相手のことを思えば力が湧いてくるのが日本人だと、私は信じています。

第4章

日本人が知らない日本人のほんとうの強さ

1 「ダメもとでやる」という究極のプラス思考

「ダメもと」という言葉は、英語で「Assuming failure」という表現になります。直訳すると「失敗の予測」というような意味です。もともとがダメなのだから、うまくいかなくたって当然だ、という考え方です。

私は長らくこの言葉を、後ろ向きでネガティブな姿勢だと勘違いしていました。「うまくいかない」ことを前提にして動くなど、考えられなかったのです。

アメリカ式の営業だと、アポイントの段階で、すでに「受注済み状態」や「受注が決まった姿」をシミュレーションします。「大成功する」という前提で、すべてのものごとに取り組むのです。

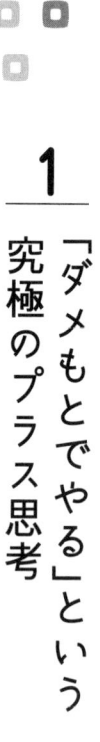

仮に「ダメもと」で動いたりすると、「ネガティブシンキング！　NO！」と叱られてしまいます。

自分を信じ、可能性を信じる、サクセスを信じるのがアメリカ人です。

しかし、一歩間違えるとこの気持ちが過剰になりがちで、イメージどおりにいかないと、必要以上の絶望に襲われてしまいます。

これをくり返すと「アップ・ダウン・オンリー」な不安定な精神状態になり、そして落ち着きのない生活になってしまうのです。

理想的なイメージと現実との乖離《かいり》が、アメリカの高い離婚率や離職率の背景のひとつにあるかもしれません。

一方、日本的な考え方は、極端かもしれませんが、時には「ダメもと」で就職志望を出してみたり、「ダメもと」で起案してみたりする人がたくさんいて、現実的な状況をふまえたアプローチをします。

「そんなうまくいくはずがない」

「そうさ、ダメでもともとなんだ」

「だったらやってみようじゃないか」


そんなふうに考える日本人は、「絶望」に対する免疫があります。

このチャレンジ精神たっぷりのめずらしい精神力は、グローバルステージでもきっと強みを発揮します。

「ダメもと」スピリットは、日本人の行動の大きな原動力になってくるでしょう。

2 なぜ、日本人は立ち直るのが早いのか？

私が「公私混同」という言葉をはじめて知ったのは、スペースデザインで働くようになってからのことです。

入社してすぐに、「ROD研修」という研修を受けました。

この研修では、50の項目で自分の行動や思考について自己採点する一方、同僚と上司にも自分のことを採点してもらいます。自己評価と他者評価では当然ズレが生じますが、その違いを通して自己理解を深め、成長につなげようという教育プログラムです。

その50の項目のなかに「公私混同することなく、仕事を遂行しているか」というものがあり、一瞬、意味がわかりませんでした。

アメリカには「公私混同」という発想がありません。

パブリックとプライベートは別のものだということはわかりますが、仕事ができるかどうかの基準として、「公私をきちんと分けているか」が条件になるなど、考えたこともなかったのです。

でも、その項目を見て、「I've got it!」。

とても合点がいきました。

ああ、だから日本での仕事はとてもスムーズに運ぶのだなと納得したものです。


私たちアメリカ人は、何か心配ごとがあると、すぐ顔に出てしまいます。

そして、そのことにとらわれて、仕事に手がつかなくなってしまうのです。

だから、日本人にとって私はとてもわかりやすい人間のようです。

「ルーシーは何でも顔に出るから、いま、楽しいのか、怒っているのか、沈んでいるのか、すぐわかるよ」と笑われます。

感情がすぐに出るのは、何もアメリカ人にかぎったことではありません。同じアジアでも、韓国の人は感情をあらわにすることが多いですし、中国の人は意外とロマンチックで、熱く語ったり涙もろかったりします。

また、アメリカでは、会議がまだ進行中なのに、「今日は遠方に住む孫たちに会いにいかないといけないので、このへんで失礼します」などと平気で退席する人がいます。

アメリカはこのスタイルでうまくいっているのでいいのですが、私は日本のやり方を見ていて、公私をきちんと分けたほうが、じつは両方ともうまくいくということに気づいたのです。

日本人は身内に不幸があったり重い病気をしたり、プライベートでものすごく大変なことが起きたりしていても、第三者からすると、普通に仕事をこなしているように見えます。

その人に何が起きているのか、表情やしぐさから読み取ることはむずかしく、しばらくしてから「ああ、そうだったのか！」とわかることが多いのです。

私の部下がいつもどおりに働いて、いつもどおりに仕事を終えて帰っていったのですが、後になって、じつはその日お母さんが入院されたことを知る、ということがありました。

ただ、プライベートのこととはいえ、部下のつらい状況は知っておかなければなりません。このことがきっかけで、新しい日本人のスタッフが配属されたときに、私はいつもある「警告」をしています。

「私はＫＹ人間で、日本人ほど空気が読めません。だから、何かつらいことや困ったことがあれば、直接言ってくださいね！」と。

しかし、日本人は、「仕事の場では公私の混同をしない」というルールを無意識に自分に課しているため、彼らのほうから、プライベートで困っていることを打ち明けられることはほとんどありません。

でも、この環境で育った日本人どうしは、黙っていても、お互いに察し合う力がついています。何も言わなくても、「あの人は何かあったな」と察知し、「顔色が悪いみたいだけど、大丈夫？」などと声をかけているのです。

いまならわかるのですが、仕事に没頭すると、つらい気持ちをしばらく忘れられますし、仕事もはかどります。おまけに、気分転換になって、そのことばかり考えつづけるよりも、よほど早く立ち直ることができます。恋人と別れてつらいときも、日本では、「仕事に集中すれば忘れられるよ」などと言いますね。

日本人はなんて賢い対処法を実践しているのだろう、と目からウロコが落ちる思いでした。

非常に冷静に、淡々としていて、まさかそんな大変なことを抱えているようには見えません。感情に溺れることなく、仕事に集中できる日本人はすごい！　と感心しています。

日本人は無意識にしていることなのかもしれませんが、私にとって「公私混同しない」というやり方は画期的な発見だったのです。

また、公私混同しないことで、ネガティブなことからいち早く抜け出せる日本人のすごさを目の当たりにしたのは、東日本大震災の直後のことです。

被災した人たちが毅然としてインタビューに応えている映像を見て、多くの外国人は驚きました。

家も仕事も失い、家族を亡くし、究極の大難に直面しているのに、なぜ日本人はこんなに早く立ち直れるのか……。なかには「日本人は感情がなさすぎる」というネガティブな報道をした外国メディアもありました。

でも、私は日本に長く暮らし、彼らは決して感情がないわけではないことを知っています。日本人は公私混同しないことを美徳と考えているから、自分がどんなにつらくとも、それを表に出さないようにすることができるのです。

そうすることで、同じ状況にある地域の人たちが1日も早く復興の道を歩み出せると考えているのです。

これも、つらいことがあったときは仕事に集中したほうがいい、という考え方と同じです。

日本人のこうした「公私混同しない」スタイルを広めれば、会社としても全体的に効率が上がると思います。

日本人は、外国人をマネジメントするときは、このあたりのルールにうんとこだわったほうがいいでしょう。何より、それが本人のためになるからです。

3 山形で見た「日本人の度胸」のルーツ

ハワイ出身の人にとっては、潮流は怖いものです。

オアフ島のノース・ショアが大好きな私ですが、冬になると波が大きくなるだけではなく、潮流が激しくなるため海自体に入りません。

浜辺に座り、波の大きさで自然の力を観察することはありますが、海に足だけ入れるとか、海に近づくこともしません。海に引きずられ、そのまま流されてしまいそうになったことが何回もあるからです。

このような背景があるため、日本のことを勘違いしていることが多々あります。

たとえば、日本の歴史のなかで「流された」という話がよく出てきます。

平家との戦いで破れ伊豆に「流された」源頼朝や、奄美大島に「流された」西郷隆盛の話です。

私は、「流された」と聞いて「ハワイと同じように、やっぱり日本の海も昔から潮流が激しいんだなあ」と思っていました。源頼朝や西郷隆盛は海水浴でもしていて、激しい潮流に「おっと」と言いながら流されたんだなあと。

いまのデジタル時代のような探し出す手段はなく、お2人はきっと長い間その場所でいなければならなかった、よく無事でいられたな、と思っていたくらいです。

全然違いますね！「流される」というのは「送られる」という意味ですね。

理解できたのは、どんな「流される」でも、つらいということです。

そのつらい経験を通して2人とも強くなり、ある時代を築き上げる重要人物となったのでしょう。

このことからもわかるように、日本人には昔から、つらい状況をまっすぐに受け入れる力があります。自然に時の流れに乗るように、良くても悪くても自分の現状を受け入れ、その経験をフルに活かす底力です。

自然災害の多い日本での日本人の冷静さは、世界でも話題になります。普通はパニックになる状態でも、なぜか日本人の多くは冷静な態度をとる。冷静に受け入れることのできる精神力は、「度胸」と言えるでしょう。

山形県の注連寺に行ったとき、この日本人らしい大胆な「度胸」に出会いました。いまの災害後の冷静さを物語るような歴史的人物であり、私にとっての日本人的な行動のルーツを教えてくれるような人。鉄門海上人《てつもんかいしょうにん》です。

鉄門海上人は北海道から四国まで布教で歩き、大きな業績を残した偉大な人です。厳しい修行生活と訓練を終え、人生の終盤を極めるため、3000日も続く苦行を行ったといいます。

苦行では、身体の脂肪を落とし、心身を清めていきます。そろそろ最期だとわかると、小さな部屋に入り扉が閉められます。そのままの状態で何も口にせず、3年半、息絶えるまで読経をつづけるのです。

そして、3年半の年月が経ちその扉を開くと、坐禅姿のまま成仏し「即身仏」となっています。安置されている即身仏の坐禅の姿を見て、私はとても心を打たれました。

少し極端な例に思われるかもしれませんが、これは私が30年間観察してきた日本人の「度胸のルーツ」を表しているように感じました。

現実を受け入れる勇気。つらい人生と向き合える力。

災害後に黙々と片付けを始める日本人、水汲みを待つ綺麗な行列、避難所で指揮をとる高校生。

苦難の多い人生であっても、日本人がもつ現実に対する姿勢、冷静さは逆境で対応するなかでの意図的な選択だと思います。それを選ぶための度胸があります。日常的に起きるさまざまな苦難に、決して「流されない」日本人から学び、度胸ある歩みをしたいと思います。

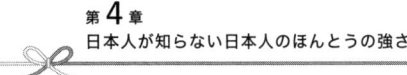

4 じつは日本人はシャイではない

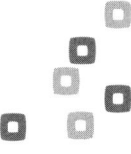

外国人から見た日本人の特徴といわれるものには、「そんなことないのになあ」と感じるものが少なくありません。

「日本人はシャイ」というのも、私の実感とはズレています。だから、「シャイだよね、日本人って」と言われても、「いいえ。私が知っている日本人は99％シャイではありません」と返してしまいます。

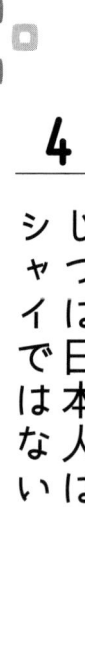

日本人がほんとうにシャイだったら、人前で堂々と歌うカラオケがこれだけ流行ることはありません。アメリカ人は恥ずかしくて、なかなか人前で歌をうたえません。

30年近く、日本で日本人と接してきた私からすると、日本人はシャイというより

「適切な対応ができる人たち」です。

その場その場のＴＰＯに合わせて、真面目にならないといけない場面では真面目に振る舞い、騒いでもいいときにはハメをはずして思いっきり楽しむ。カラオケなどはその象徴です。

場をわきまえ、いまはどういう状況かを適切に見極めることができる。賢明であり、分別がある。そういう姿を見ていると、日本人は〝大人〟だなと思います。

私は日本人に「mature」を感じます。

また、日本ほど「civilized」な国は少ないとも思います。

賢明で分別があり、成熟していることを、英語では「mature」といいます。「civilized」とは、「礼儀正しい、教養のある、洗練された、常識的な」という意味です。

私から見た日本は非常に「civilized」な国。日本人は状況や場に応じて、その場に適切なマナーや対応を即座に判断して、スマートに振る舞えます。

お祝いの席に招かれたときに、どんな服装がふさわしいかや、お祝いのプレゼントはどんなものが喜ばれるかなど、ほかの国の人たちより悩むのが日本人です。

そういう部分に、私は日本人の「civilized」を感じるのです。

礼儀正しくありたいという意識が強く、そこには上品さもあります。

「mature」であることと、「civilized」をつねに意識すること。

「日本人は幼稚だ」などという論調も見かけますが、適切に振る舞えるこの国の人たちこそ、大人として成熟した国民だと思うのです。

5 現実に徹底的に向き合う日本の医療

私は軽い「皮膚がん」をもっています。20年前、首のあたりに赤い斑点が現れ、BCCという、比較的危険度の低い皮膚がんと診断されました。

長年ハワイに住んで太陽の日差しをたくさん浴びていましたし、母親も以前から同じ病気だったので、どこか予感があり、さほどショックではありませんでした。

私のようなバックグラウンドをもつ白人は、皮膚がんにならないほうが珍しいといえるかもしれません。

アメリカでは症例が多く、医者もたくさんいるので気楽に治療が受けられます。その反面、重要な兆候を見逃して、病気が悪化するのではないかという心配もあります。また、「外見」を重要視するあまり表面的な治療で、皮膚下にがん細胞がまだ残っているのではないかという不安もありました。

病気になりはじめの13年間は、毎年1回ほど、アメリカで治療をしていました。アメリカでは、ごく日常的なできごとのような扱いをされ、表面の見た目を優先しながら、問題箇所を少しずつ削る治療をします。痛みもなく、跡もほとんど残りません。ただ、患者に対する「ルーティン」な扱いは、不安にもなります。

5年ほど前に、日本の大きな病院ですばらしい皮膚科の先生に出会い、それ以降日本で治療を受け始めました。アメリカの病院での対応の仕方や治療法とずいぶん違うので、驚いたものです。

先生は必ず「ごめんね、痛いかもしれないし、跡が残るけど全部取るよ」「もし、見た目を気にされるのであれば、美容整形でレーザー治療をしてもらったほうがいいよ」と言ってくださいます。

小さい箇所であっても、まわりの皮膚を含め、問題のある箇所を完全に取り除く。アメリカで受けた治療と比べると、時間がかかり、頻繁に通院しなければなりません。見た目もよくなく、痛みもあります。

しかし、自分の健康とこれからの大事な人生を考えると、この日本的な、マメな治療方法のほうが、ずっと安心感があるのです。

先日、額に赤みが出てしまい、問題のある部分の周りも含めて、10センチほど皮膚を切らなければならなくなりました。手術の跡はくっきりと残っています。

しかし、その跡を化粧で隠すたびに、悪い箇所が根本的に取り除かれていることに納得し、ほっとしています。

この日米の治療を経験して思い出したのは、現在の経済の問題についてでした。世界の経済界が混乱し、いま、日本がリーダーシップをとることが期待されています。

だからこそ、がんの治療のように、徹底的な、そして繊細なアプローチで問題解決に当たっていただきたいのです。

痛みがともない、跡が残るとしても、問題箇所を完全に取り除くことができれば、きっと被害を受けている世界中の「患者」を「健康」へと導いていけるはずです。

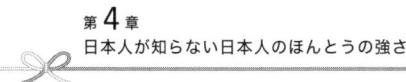

6 「みんなで努力する」ことを選ぶ強さがある

日本のどこで歩いても、人にぶつかってしまう時期が長らく続きました。「左側通行を守っているのに、他の人は全然守らない！」といつも怒っていました。

しかし、あるとき、私が考えている左側通行は間違っていることに「ハッ！」と気づいたのです。

自分を起点に考えていたので、左側通行は相手の左肩と自分の左側がすれ違う歩き方のことだと思っていました。

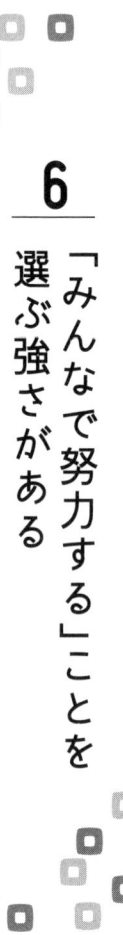

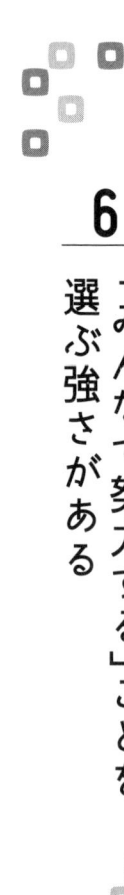

全然違うじゃん‼

ほんとうは、相手を起点に考え、こちらから見た左側を歩くことだったのですね！

（いままで体をぶつけてしまったみなさん、この場を借りて謝ります。自己中の私をどうかお許しくださいませ！）

でも、日本の左側通行はよく考えられていますね！

渋滞を避けるためであり、空港でも駅でも左側通行のおかげで想像を絶する数の人の動きでもスムーズです。観光客から見ると、日本人は自然に完璧な移動ができているように見えます。

ラッシュ時間に多くのビジネスパーソンが階段で上り・下りに分かれ、一斉に綺麗に歩いているのを見て、外国人の友人からは「まるで川で泳ぐお魚の群れのように美しいね」と言われます。日本人のスムーズな動きは、「天性」のもののように考える方がいるのでしょう。

ワールドカップで有名になった、日本人ファンのスタンド掃除にも言えます。

私が見たのはメキシコ国籍のファンが映ったスペイン語解説付きの動画です。

「どうしてこういうことをやるの？」と日本人の方に問いかけると「なんか気持ちがいいから」という答えでした。

私も日本に住んで30年経ちますが、なんだかんだ日本人のチームワーク、特にお掃除のようなハードな作業のときの一体感は、自然にできている天性のものと思ってきました（率直に言うと、日本人の真似をしたいのですが、外国人の私には無理じゃないかと半ばあきらめる思いもあります）。

でも、とんでもないですね。生まれつきや自然にできていることではありません。日本人は強烈な努力を選び、念入りに計画してやっているのです。

これは、東日本環境アクセス社（以下「アクセス」）と一緒に仕事をするようになったことをきっかけに知りました。

アクセスはJR東日本グループの1社となり、駅構内の清掃を担当している会社です。モカブラウンと明るいピンク色のユニフォームが印象的なので、東日本の各駅を使ったことのある読者なら見覚えがあるはずです。

日本が世界に誇れる、世界から感動される駅構内の清潔さと整理された姿は、偶然でもなんでもないことを、身をもって完全に理解できました。

「現在、清掃スタッフは外国人観光客からさまざまなことを聞かれます。一時的にでも英語対応ができるように、サポートしてほしい」と社長からお願いされ、2年前から英語対応力アップのために、私はさまざまな取り組みをしています。

社長や人事の方々、現場の所長やスタッフと関わってみると、じつにいままでに見たことのない、日本的な組織力を知る貴重な機会になりました。

まずわかったことは、駅の清潔感と日本人のチームワークは偶然じゃない、自然にできているものではないということです。

念入りに研究し、お客さまのニーズを丁寧に察知し、1つひとつの作業を効率よく、丁寧にやろうとする雰囲気をつくり、「当たり前」を意図的につくっているのです。アクセスは24時間体制のパーフェクトへのこだわりと、仲間を思う一体感を何より誇りに思っているに違いありません。

試合後のスタンドでのグループ清掃、駅構内の清潔さや電車が時刻通りに走ること、これに通じるのは日本人ならでの「組織力」です。

だから、すべて習慣的にやっていることではないと思うのです。

ゴミを拾うための袋をもってきた人、「みんなでやろうよ」と声をかけた人がいたはず。その声がけに積極的に答え、最後まで仕上げるこだわりをもった方もいたはず。

そして何よりも、それぞれの立場、それぞれの思いをお互い察知できる「空気を読む」力もあるはずです。


外国人観光客が増え、空港、駅、旅館、スタジアムなど、たくさんの外国人がいる国際的なステージがますますできてきています。

日本のユニークなアニメやロボット、ファッションなども重要ですが、日本ならではの組織力と努力から生まれるチームワークを、たくさんのステージで披露していただきたいと思います。

一丸となり、日本のグループ意識をいっそう強めていきましょう。私もできるだけぶつからない形で、参加させていただきたいと思っています。

7 日本人が築き上げてきた世界との絆

来日したばかりのころと比べて、日本が格段に変わったと思うところがあります。

それは日本人の「笑顔」です。

当時は、銀座あたりでも外国人を見かけると、「あっ、ガイジンだ」と目をそらし、話しかけられないように足早に通り過ぎる人がたくさんいました。それくらい、東京のような国際都市でも外国人を見かけることが少なかったのです。

マクドナルドなら、アメリカで生まれたファストフード店だから安心して入れるかなと思ったのですが、考えが甘かったようです。ここでもやはり、私の顔を見るなり店員さんがハッとして、「英語で話しかけられたらどうしよう！」という表情に変わるのです。

当時はまだ、お店でも公の施設でも英語表記がなく、日本語が読めない私たちは、人に尋ねるしかありませんでした。でも、日本の人は英語に自信がなかったためか、私たちが路線図を見て困っていても、

「Can I help you?」

と声をかけてくれることはありませんでした。

「Excuse me,」とこちらから声をかけようとすると、「This is a pen!」などと、突然不思議なひと言を言って去っていくような人もいました（私はこのとき、日本人が最初に習う英語が「This is a pen.」であることを知らなかったので、たんに「ファニーなおじさんたち」と片づけていました）。

その後、だんだんと状況が変わり、英語表記の場所が増え、お店に入っても、お店の人たちの英語に対する緊張感がなくなっている、という実感があります。

さらに日本の国際化が進み、じつにさまざまな国の人たちが日本を訪れ、外国人が日本にいることが当たり前になりました。

その結果、日本人の外国人アレルギーがなくなっただけでなく、むしろ歓迎され

るようになりました。いまでは、東京だけでなく、小さな温泉地に行っても「ようこそ、日本へ」と両手を広げて迎えられている気持ちです。

ようやく、日本と世界との垣根がなくなったようです。

私が大学に入るまで過ごしたハワイでは、だれかと目が合うと必ずニコッと微笑みます。ハワイの人たちの、だれでも受け入れる、愛情たっぷりでフレンドリーな気質を「アロハ・スピリット」と呼びます。笑顔は国境を超えて、人と人を結びつけるのです。

最近は、比較的シャイな日本人が、このハワイアンのようなオープンな表現をすることに驚いています。とても自然な笑顔を向けてくれるようになりました。

私はアメリカ人ですが、日本に長く暮らし、東日本大震災を日本で経験した1人です。このときほど、日本が世界からリスペクトされ、見えない絆で結ばれていることを強く自覚したことはありませんでした。

震災が発生したころ、私は役員を務めている会社の利用者とつながるホットラインの担当でした。大震災の日の夜はずっと電話が鳴りっぱなしでした。

「日本を支援するための準備をしているが、泊まるところを確保したい。到着は明日だが、部屋はあるだろうか？」などの問い合わせが寄せられました。

なかでも印象深かったのは、アメリカ西海岸の特別な飛行機をもっている航空会社からの電話です。

「いますぐに飛行機を飛ばす準備をしています」

助けてあげるというような上から目線ではなく、自分たちの仲間が傷ついているのだから飛んでいって支援するのは当然でしょう、という姿勢でした。

胸を打たれて、私は何度も「ありがとう!!」と伝えたのを覚えています。


支援に駆けつけてくれた、さまざまな国の人たちからは、

「日本人は私たちの兄弟だ」

「被災地での活動は、自分たちのファミリーと一緒にしているようだった」

といった言葉をたくさん聞き、そのたびに胸が熱くなりました。

アメリカのルース駐日大使からは、被災地を訪問した際に、家族や家を失ったおばあちゃんをハグしたら、涙ながらに「ありがとう、ありがとう」と何度もお礼を言われたという話を聞きました。

「助けて」じゃなくて「ありがとう」。

ああ、ほんとうに私たちはよりいっそう、絆を強くすることができていると実感しました。

震災を機に、日本と世界の距離はさらにグッと縮まりました。アメリカ軍が展開した「Operation Tomodachi（トモダチ作戦）」に参加した隊員の人たちと話をする機会があったのですが、彼らは私にこう教えてくれました。

「私たちは日本人とものすごく深いところで結ばれているという実感があった」と。

日本語の「絆」は、震災後、外国人にも「Kizuna」として浸透しました。そして、被災地での救援活動を通じて、日本人との絆がさらに深まったと言うのです。

日本人1人ひとりのなかにあったバリアがなくなり、国を超えて、笑顔と笑顔を自然に交わすこと。

国家レベルではなく、日本人1人ひとりの国際化が醸成され、私たちには地球人であるという意識が芽生えているように思うのです。

かつて外国人と目が合うと、目をそらして足早に去ってしまった日本人は、もうどこにもいません。こちらが笑顔を向けると、ほとんどの日本人から笑顔が返ってくるようになりました。

私にはこの変化が、とても大きな変化のきざしに思えてなりません。日本人が何かの殻を抜け出した象徴に思えるのです。

これこそ、真のグローバル化ではないでしょうか。

第5章

日本のビジネスはここがすごい！

1 プロフェッショナルを育てる風土

私は仕事のなかで、人材採用の場面を数多く経験してきました。

そこで気づいたのは、日本とアメリカにおける評価の基準の違いです。

日本企業のトップは、入社する人が、困難な仕事に前向きな精神で取り組めるか、忍耐力があるかに価値を置いているように思えます。

日本の学生には、履歴書に「同じところでアルバイトをつづけ、接客を学んだ」や「毎日の犬の散歩を欠かさずに行っている」などを強調してアピールする人たちがたくさんいます。最初私には、面接で犬の散歩をアピールする学生の気持ちがさっぱりわかりませんでした。

アメリカは、困難な危機に直面したときこそ勝負をかけ、勝利を勝ち取るハートをもった人間が高く評価されます。

アメフトのクォーターバックが、いい例です。

練習で決められたプレイを途中で捨ててでも、危機やチャンスのときには、独断で瞬間的に自主的な行動をとり、点を獲得する。

たとえリスクがあっても、時にはほかのプレイヤーやコーチがついていけなくても、結果を出せばそれでいい。

その姿勢が評価され、英雄的選手として称賛されるのです。

個人を優先するアメリカをワンマン組織とするならば、日本の経営者は、エブリワン（全員）のチームワークを求めます。

そして、エブリワンでうまくいくためには、会社に対する「忠誠心」や、仕事に対する「忍耐強さ」が貴重になるのです。

アメリカの企業は、即戦力を第一に考えます（そのせいか離職率も高止まりしています）。それに比べて日本の企業に入社する新人は、結果を出すスピードは遅いかもしれません。しかし、長く同じ会社で働いている社員の忠誠心を考えれば、間違いなく日本企業のほうが持続力があるでしょう。

来日して早々に、リクルートの総務部に配属されたときのことを思い出します。日本語がほとんどできない私にとって、何より大変な仕事は電話の応対でした。言葉を間違えて先輩に怒られ、悔しい涙を流したことは、数しれずです。しかし、だれも「ルーシー、専門分野の英語だけに集中し、即戦力になってください」とは言いませんでした。そのときのリーダーたちの忍耐力が、私に大きなチャンスと成長の土台を与えてくれました。

先輩たちは、失敗から学ぶ時間を与えることで、私に投資したのです。そのおかげで、退職して何十年経ってもリクルートに強い忠誠心があり、チャンスがあればいつでも応援したいと考えています。

社員の忠誠心を高めることが、日本企業の得意分野ともいえるでしょう。

人材は、時間をかけて成長します。

だから当時のサービスアパートメントの会社では、5年前に採用した英語があまりできない高卒の社員を、外国人客だらけの現場に配属し、経験と時間を与えていました。

いまは、その若い女性メンバーが課長となり、外国のお客さまと堂々と渡り合う営業リーダーとして活躍しています。

私は、アメリカの企業がグローバルに活躍したいときは、その希望が強ければ強いほど、日本の企業をパートナーにすることを勧めています。

それは、日本のロイヤリティマネジメントを取り入れるところに、アメリカ企業の新しい可能性が生まれてくると信じているからです。

2 マニュアルを超えたサービス精神がある

日本の女性の平均寿命が世界一であることはよく知られていますが、人口全体における平均年齢はあまり知られていませんよね。

じつは、平均年齢も日本は世界トップレベルで47歳。ほぼ同率でドイツ、イタリアとつづき、主要国で見ると、アメリカ38歳、イギリス44歳、中国37歳、インド27歳となっています（The World Factbookより）。

世界のなかでも日本は超高齢化の最先端を走っており、多くの人が言うように、これは大きな課題です。

でも、私は、考えようによってはこれは日本のチャンスだと思っています。

世界でいちばんお年寄りにやさしい社会をつくることによって、日本が世界の〝お手本〟になることができる。その絶好の機会が、いまだからです。

長野県に「中央タクシー」という会社があります。その社長である宇都宮恒久さんのお話をうかがい、そのヒントをいただきました。

中央タクシーは、長野市民から絶大な支持を得て、県内ナンバーワンの売上げを誇っています。地方のタクシー会社の9割が赤字といわれる厳しい経営環境のなか、売上げを伸ばしつづけているのです。

成功の秘密は、徹底した〝まごころサービス〟にありました。お客さまの9割が電話予約によるもので、しかもそのほとんどがリピーターになるそうです。

社長は、あるお客さまの話を聞かせてくれました。

ある日、足が悪くて自立歩行がむずかしい1人暮らしの高齢女性から、社長のもとに1通の手紙が届きました。

彼女は持病を抱え、週に2、3回は通院しなければならないのですが、家から750メートルほどの距離の病院へも、歩いて通うことができずに困っていました。

そんななか、短い距離にもかかわらず親切に対応してくれる、中央タクシーに助けられているとのこと。運転手さんは道路上でいったん車を停め、表門から中庭を通り、玄関までわざわざ迎えにきてくれるというのです。

「中央タクシーです。お迎えにあがりました」と声をかけ、寒さで凍えてうまく動かない指で靴を履くあいだ、静かに待っていてくれます。また、「よかったら肩を杖がわりに使ってください」と歩くのを支え、動かない重い足をそっともち上げて車のなかに入れてくれるそうです。しかも、いつもそうしているとのこと。

彼女は、「自分は醜い年寄りで、生きていること自体が人さまの迷惑なのではないかとさえ思っていた」と手紙のなかで告白します。

「でも、中央タクシーさんのおかげで、人の温かさを久しぶりに感じています。みなさんが親切に手をさしのべてくださるおかげで幸せです。感謝しています」――そんな内容だったそうです。

手紙を読んだ社長は、すぐさまお礼を伝えるために彼女の自宅を訪ねたのですが、シャッターが閉じられ、表札から彼女の名前はなくなっていました。社長は、「直接、お礼をお伝えすることができませんでした」と悔やんでおられましたが、私は静かに感動していました。

1人暮らしのお年寄りの孤独死が社会問題となるなかで、中央タクシーが徹底している「顧客の満足」は、マニュアルを超えた、人と人との心のふれあいを通じて、人を幸せにする行為です。

そして、日本が「世界一お年寄りにやさしい国」になるには、制度やシステムの整備はもちろん大事ですが、こうした人間らしい親切心をもち、1人ひとりが相手を気遣えることが、最も重要なのではないでしょうか。

いずれ、どの先進国も日本と同じ超高齢社会を迎えます。

そのときに、日本が「幸福な高齢社会」のあり方を示せたら、とてもすてきな未来ですね。

中央タクシーが実践している「親切」と「気遣い」。この2つが日本の未来を明るく照らすものと信じています。

3 「もっとよくなる」という KAIZEN意識

グレーラインを上手に歩む日本人を、いつも感心して見ています。

「少々お時間をいただきます」
「調整中です」
「社内の関係部署の意見を聞いているところです」

などなど、「YES」をあまりはっきり言わず、「NO」とも明言しないのは、日本人の特技の1つです。

日本人が簡単に「NO」と言わないのは、できるかぎり相手の要望に応えたいという思いが強いからではないでしょうか。むずかしいリクエストをいただいたとしても、なんとかやれる方法はないかとあれこれ手を尽くす。

その結果、「調整してみます」や「少しお時間をいただけますか」といった、グレーな答えになるのです。

「NO」は、相手を否定するときにも使いますが、日本人はこれもあまりしません。

リクルートに入社したばかりのころ、こんなことがありました。

朝出勤すると、同僚たちがおにぎりやパンを買ってきて、自分の机で朝食をとるのを見て、私も大好きなチョコドーナツとコーヒーを買いました。

家でしているように、温かいコーヒーのふたをあけ、ドーナツをコーヒーにポンとつけてデスクで食べていると、それを見ていた先輩から、

「ルーシー、日本人はそういうことをしないよ」

とたしなめられました。

生意気な新人だった私は、

「そうでもありませんよ。ざるそばも、つゆにつけて食べるでしょう？　日本人もしていますよ！」

と、つい反論してしまいました。

あとから考えると、先輩は「やってはいけない」と否定したわけではありませんでした。彼女が言いたかったのは、その食べ方は行儀が悪いよ、ということだったのでしょう。

それなのに、私が「日本人もやっているじゃない！」と非難し、NOをつきつけてしまったために、コミュニケーションがそこで硬直してしまったのです。

あのとき、あんなふうに反論せず、

「そうなんですね。日本人はやらないんですね」

と言ってみればよかった。そうすれば、

「おもしろい食べ方ね。おいしいの？」

といった反応が返ってきたかもしれません。あるいは、

「机が汚れるから気をつけてね」

というように、アドバイスの言葉がもらえ、もう一歩、深いコミュニケーションにつながったかも……。いま思えば、もったいないことをしたと悔やまれます。

「NO」ではない意図があったことを理解できず、反発してしまったことはほかにもあります。

前の会社ではお客さまからクレームがあったときや、社内の別の担当者に負担をかけたときなど、「経緯書」の提出が義務づけられていました。

これは、どういう経緯でその問題が起きたかを報告する書類なのですが、私はどうしても「経緯書＝おわび書」のように思えてならず、また強く反論してしまいました。

「なぜ社内共有のためだけに、時間をかけて経緯書を書かなければいけないの？口頭で説明して謝っておけばいいじゃない」

などと内心思っていたのです。

でも、いま自分自身が経営者となってみて、私の反発はいかに的外れだったか痛感しています。

経緯書はその担当者を非難するものではなく、問題の発端となった原因を究明し、これからの再発を防止するためのものだったのです。

これは、海外でもよく知られている日本発の問題解決手法「KAIZEN（改善）」のしくみに似ています。

つまり、現場の従業員1人ひとりが当事者意識をもって作業の見直しを行うことで、チームとして前に進むための有効な手段だと気づいたのです。

重要なのは、ものごとがうまく進まないとき、日本人はだれかを一方的に非難するのではなく、どうしたらよくなるかを前向きに考えていること。

いまは「NO」という状況を避ける、日本人のすごさを実感しています。

4 日本がトップクオリティを保ちつづけられる理由

ある海外進出を計画している、飲料メーカーの課長と話をしていたときのこと。

「欠品によるリスクは、どの程度考えていますか？」

と同席していた別のアメリカ人が質問しました。

欠品が出るとそのぶんだけ購入の機会が失われ、売上げが下がってしまいます。だからといって在庫を抱えすぎると、過剰在庫の維持費がかさんだり、廃棄処分しなければいけなかったりと弊害が生まれます。

ですから、適正な在庫を抱えることが重要なのですが、在庫適正化はむずかしく、商品を抱える企業の課題でもあるのです。

質問者に対し、課長はこう答えました。

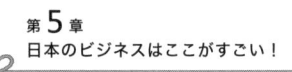

「欠品リスクはありません。私たちは100%完璧の前提で生産管理、在庫管理を行っています」

驚きました。「リスク0」なんてほんとうに実現できるのだろうか、と思ってしまいましたが、実際クリアしているとのこと。

アメリカ育ちの私はつい、何事も完璧にはできないから、少しぐらい仕方がないと思ってしまいます。少し汚れていてもいいだろう、少し遅れても大丈夫、言葉づかいが多少丁寧でなくても通じるからまあいいか……などなど。

でも、そうやって「少しくらいなら」と油断していると、そこからどんどん基準が甘くなり、気づいたときには「少し」ではなくなっているケースが往々にしてあります。

それに対して、日本人は「こうあるべきだ」という期待値（ここでは数学的な値ではなく、期待の高さに対して使っています）を高く維持している人が多いように思います。

「期待値を下げない日本人」を私がいちばん身近に実感したのは、リクルート創立者の江副さんとのやりとりでした。

いまの会社で仕事をすることになったとき、江副さんから言われました。

「ルーシー、日本で不動産業をやるんだったら、宅建という資格をもたないとだめですよ」

ほとんど漢字が読めない私は驚いて「そんなの無理です」と言ったのですが、まったく聞き入れてもらえませんでした。

本来私に求められるのは、宅建主任の社員の通訳として、外国人のお客さまと契約を結ぶ際に同席することです。

しかし、江副さんは私に対する期待値を落としませんでした。

外国籍の人間にもフラットにチャンスを与え、評価も昇格もフラットにするかわりに、期待値を絶対に下げなかったのです。

そのおかげで奇跡が起きました。

私は２００６年、欧米系女性としておそらく初の宅地建物取引主任士となったのです。外国人でも、日本語の試験に合格することができるのです！

さらには、スペースデザインの2人の欧米系外国人が宅建を取得しました。現在、欧米系で宅建の資格をもっているのは日本に6人しかいませんが、そのうちの3人がいまの会社出身者です。

だから、日本のみなさんも、日本人が大切にしていることの基準を下げずに維持してください。

外国人に対して「日本人ではないから」「日本とは習慣が違うだろうから」「日本の○○に慣れていないだろうから……」「○○だから仕方がないね」と言わない。

また、若い人たちに対して、「いまの若い人にはわからないから言ってもムダ」「時代が変わったのだから仕方がない」などとあきらめずに、期待値を高く維持していただきたいのです。

仕事に対する姿勢や勤勉さ、世界一清潔なところ……などなど、日本人がなくしてはいけない大切なものがたくさんあります。いまの日本を維持するためには、外国人だからとか、若者だからとか関係なく、彼らの意識の底上げが必要です。

「教える」というよりも、「introduce（紹介する）」というスタンスで、気づいたことを周りの人に伝えてあげてください。

5 「お客さまのパートナー」という考え方

私は営業の仕事がとても好きです。お客さまの企業を訪ね、仕事を獲得することが主な業務ですが、そのときに外国企業の営業場面を見る機会に恵まれることがよくあります。そしてここでも、日本のやり方との違いに驚きました。

諸外国の一般的なセールス方法は、自己アピールから入ります。

ひととおり挨拶を終えたら、自社の商品資料を見せながら、いかにその商品が他社と比較してすぐれているか、お客さまにとってどれくらいメリットがあるかをアピールします。はじめから「この商品が必ず御社の役に立つ」と、主張するのです。

そして、最終的に「だから買ってください！」と相手を説得し、商談を成立させようとします。

ところが、日本人はまったく正反対のアプローチをします。

日本人は自分や、自社を売り込んだりせず、まず、相手の情報収集をしようとします。つまり、アピールから入るのではなく、ヒアリングから入るのです。

相手はどんな会社なのか、どれくらいの規模で、何人ぐらい働いているか、どんな理念をもち、何を目指しているか。主力商品はどんなもので、どういう顧客がいるか……。そういったことを、はじめて訪問したときに、相手から聞き出そうとします。

これは、外国人にとっては理解しにくいスタイルです。はじめは「え、どういうことなんだろう? これでは商品のことをわかってもらえないし、売れるはずがない」と疑問に思っていました。

私はリクルートで働いていた時代、トップ営業マンといわれるようなあるスペシャリストの先輩から、この日本式の営業テクニックを教えてもらいました。

先輩いわく、とにかく相手の話を聞いて、自分たちの商品のアピールをいっさいしないことだ、と言うのです。

ひたすら相手の話を聞いているだけです。しかし、そうしているうちに、何が生まれるか。しばらくして、ようやくそれがわかりました。

次第に相手のなかに「信頼」が芽生え、相手がわれわれの会社や、商品について興味津々で聞きたがるようになるのです。

この人は私の話に耳を傾けてくれる、私の会社に興味をもってくれている……そういう意識が、信頼につながり、たんなる取引先ではなく、パートナーだと思ってもらえるようになるのです。


日本のビジネススタイルは、一見地味に感じます。積極的に自己アピールし、ダイレクトな交渉で仕事を獲得するようなスタイルからすると、目立ちません。

だから、海外で「私たちのほうが圧倒的にすぐれていますよ。値段も10％安くしますよ！」などという押しの強い営業をする企業を見ると、同じようにやらないと負けてしまうのでは、と不安になるかもしれません。

でも、じつは、相手の立場に立って話を聞き、信頼を獲得したうえで、相手のニーズに合う提案をする日本流の営業手法は、戦略としてとてもすぐれているのです。日本人が、ビジネスのうえで相手との信頼関係を重んじるのは、ものごとを短期的にとらえていない証拠でしょう。信頼の置けるビジネスパートナーとして、長期的に取引をしていきたい、それがお互いのメリットになるのだから、という意図があるように感じます。

しかし、外国にはそうではない企業が多く、長期的なパートナーシップを築くというより、仕事は獲ったもの勝ちという競争意識が強いのです。

だから、依頼内容を深く考えず、とりあえず「できます」「安くなります」「早くできます」などと言って、仕事を獲ってくる。それができるかどうかは後から考えればいい、という発想です。

でも、たとえ仕事は受注できても、相手の満足いく仕上がりにならず、自社の評価を下げることになってしまったら、継続的な営業活動はできません。長期的に見て、そういうスタイルの企業がうまくいきつづけるとは思えないのです。

こうした視点からも、時間をかけて信頼関係をつくり、それを壊さないように慎重にビジネスを積み重ね、ベストを尽くす日本企業のやり方は、ビジネスの原点ともいえる、「best practice（最善の方法）」なのです。

他国の経営者のなかには、「日本企業の奥ゆかしいやり方こそが、じつはベストファーストステップだ」と認識し、その手法に学ぼうという企業もあります。

私も、これまでの経験から、日本の営業スタイルを世界の標準にすべきだと思っています。

ですから、日本のみなさんには、自信をもって、どこへ行ってもそのやり方を貫いてほしいのです。

6 社員を幸せにするための経営

「もったいない」という言葉があるように、日本人はモノを長く大切に使おうという心をもっています。

そして、人材を「人財」と表現するように、日本の経営者は、社員に対して忠実で強い責任を感じています。長期的視野に立って、企業の問題を見据え、どうすれば少しでも自分の会社がよくなるか、社員の生活を守れるかに心を砕いているのです。

企業の多くは、株主のものでも、経営者のものでもなく、そこで働く従業員と、その家族のためにある――そう考えているのです。

これは、すばらしい価値観です。

経営の立場にある私は、以前、「経営の合理化」のため、生産性の低い社員を数人辞めさせ、人員整理を考えたことがあります。

そのことを社長に提案したところ、厳しく否定されました。

「ルーシー、何を言っているんだ。そんなことをしたら、辞めさせられる社員がかわいそうじゃないか。彼らの身にもなってみろ」

でも、私は内心、「かわいそうという言葉は、感情的すぎる。冷静に、合理的に考えなければならないマネジメントの現場では、不適切な言い方ではないか」と思いました。

社員全員の給与を下げることこそ、みんなが「かわいそう」なのでは？　数人の社員が犠牲になっても、残りの大勢の社員の幸せのために仕方のないことではないのか……。

そう考えつづけてきたのですが、あるとき、そうした合理的な考えをしない日本人の心の根底にある、あるものに気づいたのです。

それは、「採用した者の責任」でした。

ある日本企業の社長に通訳を依頼され、世界のあちこちへ商談に同行したことがあります。彼は、飛行機のなかでもどこでも、とにかくよく仕事をしていました。丸1日休める日はほとんどありません。

なぜ、そこまで働くのかと尋ねたら、

「社員の生活を守ることは私の責任ですから。50人の社員1人ひとりの生活が、私の肩に乗っかっているんですよ」

と言われました。

20年以上前のことで、私自身まだ日本型経営の奥深さを理解していないころでしたので、「優しい社長さんだなあ」という程度にしか感じませんでした。

しかし、いま考えると、経営者としての責任を彼は非常に重くとらえていたのだということがわかります。

世界を見渡してみると、企業の多くが、株が上がるためにどうしたらいいかを第一に考え、経営の舵取りをしている株主第一主義的な傾向があるように感じます。

アメリカでは、日本と大きく異なり、社員を「一時的にいる働き手」として見る傾向があります。通称「ピンクスリップ」と呼ばれるピンク色の解雇通告が、ある日突然、突きつけられるのです。

私の大好きなビヨンセの歌に、「Irreplaceable」という曲があります。歌詞のなかに、「自分が代替えのきかない存在だと思うことは間違っているわ、あなたの代わりになる人はいくらでもいるんだから」というフレーズが出てきます。

この曲は恋愛における男性のことを歌っているのですが、もし経営者が社員のことをこのように考えていたら非常に危険です。自分たちはそういう目で見られているのだということを、社員は必ず気づきます。

その結果、不安感が広がり、モチベーションが下がり、仕事に集中できなくなる。悪循環でしかありません。

日本企業は、社員のことを制度や理念、そして実際の行動で大切にします。それが社員に伝わるから、会社のために貢献しようと高いモチベーションで努力する。社内の協力する体制がしっかり整い、お客さま第一主義の共通認識が芽生え、業績が上がる、という好循環に入っていくのです。

私も日本に来てから社員一律の給与カットや、ボーナス支給なしなどを経験したことがありますが、それに不満は感じませんでした。むしろ、社員を犠牲にしない経営姿勢にリスペクトの気持ちが高まり、その会社で働いていることに誇りをもったのです。

日本の企業も、深刻な業績の不振に苦しみ、これまで聖域とされてきた終身雇用制が崩れ始めています。しかし私から見れば、どんなに経営が苦しくとも社員を守ろうという日本企業の姿勢はまだまだ健在です。

私の実感としては、終身雇用制を崩しているのは経営者の側ではありません。むしろ、被雇用者側からのような気がします。つまり、自らの意思で辞める、転職する人が増えているのではないかということです。

日本人の若い人には、キャリアを磨きたいという向上心から、能力を最大限に活かせる場を求めて転職する人が少なくありません。彼ら、彼女らの動機は前向きなものなのです。

いまは、世界中の多くの企業が、本来の姿を見失っているように思います。

世界経済が激変するこの時代に、一度採用したからには、企業努力を尽くし、できるだけその社員の雇用を守り抜こうという日本企業のスピリットは、とても美しく映ります。

日本流の社員を犠牲にしない経営。これこそが、万国共通で、世界中の会社が目指すべき企業像といえるでしょう。

私もかつてはアメリカのような考え方でしたが、社員を大事にする日本の経営姿勢に触れ、こちらのほうが本来の正しいあり方だと思い直すようになりました。

「会社はそこで働く社員のためにある。社員を大切にすることが企業のあるべき姿である」

この考え方を、日本から改めて、世界に広めてほしいと思います。

7 「現場」を大切にする日本の経営者

アメリカの大学には、「Open door policy」という考え方があります。

これは、多種多様な文化背景をもつ学生を積極的に受け入れるという意味に加え、学生が気軽に教授に質問や相談ができるよう、教授室のドアを開けておく習慣のことをいいます。

教授にとっては、学生が何を考えているか、教えていることをきちんと理解しているかを把握するために、学生と直接コミュニケーションをとることが必要になってきます。

このアメリカの大学教授と、日本企業の経営者のポジションは似ていると、あるとき気づきました。

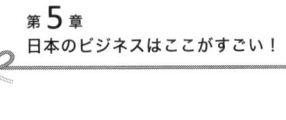

中小企業が9割強を占める日本では、経営者と社員との距離が比較的近いです。社長室を設けず、社員と同じフロアで働く経営者も少なくありません。

中規模以上の会社でも、社長室はあっても、就業時間中は社員のフロアに机を設けて、綿密で迅速なコミュニケーションをはかっている経営者もいます。この距離感が、アメリカの大学教授と学生の関係と似ていると感じたのです。

日本企業は「現場主義」を重視し、現場にできるだけ近いところでマネジメントを考えるべきだというスタイルです。実行部隊である現場から上がってくるものを経営戦略に生かします。つまり、「プロは現場にいる」という考え方です。

日本の経営者が自分の会社の制服を大事にし、工場などの現場で自ら着用するのは、現場第一主義からきているのでしょう。

現場のプロたちが手を動かしながら考えることを、効果的なしくみに落とし込み、商売にしていくのがマネジメントする人間の仕事ととらえているのです。

新人が役員クラスと言葉を交わしたり、経営の考え方を教えてもらったりするなかで、学び、企業の一戦力として育っていくのです。このことからも、アメリカの大学教授が学生と気軽に話せるようにしているのは、「現場主義」といえます。経営者が現場を把握し、ボトムアップで現場の考えを吸収しようとする姿勢と同じなのです。

大学は学ぶところですが、日本における企業も、じつは学ぶところなのです。

一方、欧米の大手企業は、経営者と社員が同じフロアで働くことはほとんどありません。マネジメントを考える人間と、実行する部隊とをきっちり分けます。

商品開発をしたり、販売経路を広げたり、利益を確保する構造を計算したり……そうした戦略を考えるすべてのノウハウは役員クラスがもっていて、トップダウンで指示されたものを現場のスタッフが実行するしくみです。

欧米では会社のなかでポジションが上になるほど、窓際の、オフィス内でいちばん快適な空間に席が与えられるのです。

社長になると、さらに一般社員とかけ離れた場所にいて、セキュリティーの問題もあって社長専用の送迎車、エレベーターが用意されているケースもあります。

ですから、現場第一の日本企業で働くようになったはじめのころは、報告や進捗確認などの多さに戸惑いました。

特に、どんな仕事をどこまでやったか、だれに会ってどんな話をしたかなど毎日報告する「日報」には辟易しました。

ところが、スペースデザインで部長になり、日報の必要性がようやくわかりました。課長のときはまだ現場の近くでマネジメントできていたのですが、部長になると、1人ひとりの部下を把握できず不安になります。

お客さまが求めていることをつねに知っておくために、現場を把握することは非常に重要だということを、役員になって身をもって実感したのです。日報は、社員を管理するとか、監視するという目的のものではありませんでした。

そうして日本企業を見たとき、欧米式経営よりも、現場につねにいて社員と風通しのいいコミュニケーションを行える環境を整えている日本式経営は、すぐれていると強く感じました。

さらに最近は、社員の育つ環境を重視する動きが、日本企業のなかに芽生えています。オフィスのなかで最も快適な空間である窓のそばを、役員が使うのではなく、社員に開放している企業が増えているのです。

先日、大きな窓がオフィスの二面を占めている企業を訪問しました。太陽光がさんさんと差し込み、窓から眺めのいい風景が見える場所にデスクを並べ、嬉々として働く若手社員を見て、すばらしいと思いました。

副社長にこのことをお伝えしたところ、「社員が育つ環境を大切にしているのです」とおっしゃっていました。

日本企業は現場を第一に考え、現場が考えているものも大事にします。そして、その現場にいる1人ひとりがどれだけ大事かということを示すため、働く環境を最大限整えようとしているのでしょう。

会社側がそういうスタンスでいると、社員は「会社に大切にしてもらっている」という気持ちになります。

そうすると、より会社に貢献しようと努力しますし、有益なアイデアが生まれやすくなり、新しいものがどんどん生まれる会社に育っていきます。つまり、会社にとっても社員にとっても、善の循環が起こるのです。

日本の経営者にたくさんお会いしていますが、みなさん、現場を非常に重視している方ばかりです。「現場が見えなくなったら経営者として失格だ」といった言葉を、何人もの経営者から聞きました。

こうした日本の現場主義の経営は、世界に誇るひとつの要素です。

日本がこれまで行ってきた、日本流マネジメントの動きが世界に広がっていくような気がしてなりません。

どんなにグローバル化が進んでも、こうした日本式の経営スタイルは大切に守っていってほしいのです。

8 日本には「デザイン」「独自性」「ストーリー」がある

日本は、2013年に観光誘致対策の効果で、はじめて外国人渡航者1000万人を突破しました。さらに日本政府は、2030年までに6000万人の観光誘致を目指していることを発表しています。

ハワイ出身の私には、日本のこれからの未来が見える気がします。

私が小学生だった1975年。日本人観光客は、日に焼けないように帽子をかぶったまま海に入ったり、水着姿にもかかわらずビジネスシューズを履いていたり、最先端のカメラを首からさげていたりしました。とても目立ち、私たち地元民から見て、不思議な人たちに見えたものです。

それが数年たつと、アメリカの公立高校では、これまでのフランス語とスペイン語に加え日本語が選択できるようになりました。観光関連の企業に就職したがる友人たちはみな日本語を選び、本気で取り組んでいたことを思い出します。

そのころから、ハワイの経済活性化のために日本人は欠かせない、と認識されるようになり、日本人は「不思議な存在」から「大切なゲスト」へと変わりました。日本人の観光客はハワイの魅力にくわしくなり、滞在先も定番のワイキキやホノルルから、よりローカルなハナウマベイなどへと広がりました。

そして最近では、日本の知人から「マウイ島の○○で別荘買いましたよ」などと言われるようになり、私以上にハワイのディープな場所を知っています。いまでは、日本人がハワイになじみ、地元民の仲間入りを果たしたといっても過言ではありません。

日本語が就職に役立った30年前のハワイと同様、英語が日本の若者にとってのサバイバルスキルとなっています。海外マーケットを本気で意識している日本の中小企業も採用条件に「外国語」を重要視しているなど、日本の国際化は大きく加速しています。

こうしたまさにミラクルな国際化は、日本にとって大きなチャンスです。

このチャンスを見事に生かしている企業を分析すると、3つの共通キーワードが浮かんできます。

「デザイン」「独自性」、そして「ストーリー」です。

日本的なデザインセンスは世界中から絶賛されています。特に、エコを意識したグリーンなスマートデザインは、いまや世界共通のトレンドです。エコの要素をどこかに取り入れることによって、日本企業は万国共通の意識に通じることができるのです。

そして重要なポイントは、そのスマートさが、どこへ行っても手に入らない日本だけのオンリーワンの独自のものであることです。

オーガニックな素材を用い、生産過程にとことんこだわり、手間ひまをかけてつくられたMade in Japanのプロダクトや農産物などは、ほかの国のものよりも価格は高いかもしれません。

しかし、そのものづくりにかける想いやストーリーをどれだけ伝えられるかが、宣伝するときの重要なポイントとなります。

商品の独自性の「理由」を言葉にし、さらに英語にして海外の人へ伝えることが、価値の裏づけとなり、世界中の本物志向の顧客の納得につながるのです。

国際化で何かを失うとか、大切なものが薄まるといった心配はすでに過去の悩みです。

国際化が進んだ日本がアイデンティティーを自覚し、世界中の人々に日本の誇れるところを伝える絶好のチャンスです。

相手から異なる文化や習慣を学び、受け入れること。そして、相手に自分たち日本の文化、習慣を受け入れてもらうこと。この両面を意識して実践することができれば、日本はよりいっそう、深みのあるゆたかな魅力ある国として、世界に存在をアピールできるに違いありません。

9 世界がほしがる日本の「洞察力の深さ」

よく、日本人は起業に対するマインドが低いといわれます。

リクルートで働いていたとき、創業者の江副浩正さんから「日本はNOの社会ですよ」と言われたことがあります。

インスピレーションや可能性だけでものごとを進めたりせず、いろいろな角度から状況を分析し、まず問題点を洗い出してリスク要素を並べる。いい意味で慎重ですし、失敗が起きにくいといえるでしょう。

でも、前例のない事柄に思い切ってチャレンジしよう、まったく新しい何かを生み出そうという飛躍がしにくいので、大胆なイノベーションが起きにくいという側面もあるのです。

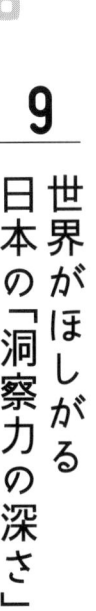

逆に言えば、こうした環境において起業して成功している人は、おそらく、日本人気質である「問題点を先に探す能力」に長けていることはもちろん、それと同じぐらい、あるいはそれ以上に「可能性を探せる能力」も秀でているはずです。

アメリカでは、前例がなくても、こういう可能性が描けますという具体的なストーリーを示すことができれば、その企画に投資しようというキャピタリストが現れます。それが、起業家を生む土壌となっているのです。

日本はビジョンだけでは評価されません。確実に実現できる数字を求められます。もちろん、予測は必要ですが、前例のないものほど確実な数字を示すことはむずかしいものです。

失敗に対する責任が重い日本では、みなリスクをおかしたくありません。実験的に小さくやってみて、その結果がよければ本格的に始める、というのがこの国での成功法なのでしょう。

それは日本人らしい、すばらしいものごとの進め方です。

それとともに、「可能性を探し出す力」も同じぐらい重要だということをぜひ知ってほしいと思います。そのことを自覚して、リスクと可能性に対して、同じ重要度を与えてほしいのです。

たとえば、会社に何事もこなせて、きちんとルールを守れる社員と、型破りなことにつねに挑戦したい、たとえば私のような人間がいるとします。

会社のポストとして、業務部と営業部にそれぞれ空きがあったとき、どちらがどの部署に適任だと思いますか？

業務部は、人事、経理、総務などを中心とした会社の事務機能全般をサポートする仕事。そこで求められるのは、問題点を発見し、正確にミスなく効率よく仕事を進めていく能力です。

営業部の仕事は、お客さまから仕事を受注するために機転を利かせながらフレキシブルに動かなければいけません。つねに可能性を探し、ときに直感で判断することが成功につながることもある部門です。

当然、前者が業務向きで、私のような後者は営業向きです。極端に言えば、前者は日本人の特性を強くもつタイプであり、私のような人はアメリカ人らしいタイプなのです。

もちろん、会社にとっては、両方とも必要な能力です。

ですから、問題点を発見する能力に長けた日本人の特性は生かしつつ、これまであまり目を向けてこなかった「可能性を探り当てる力」の重要性を認めることができれば、国際社会において日本人はよりパワーを示すことができるようになるでしょう。

これから観光客の増加にともない、新しい海外の企業が日本にどんどん進出してくる可能性があります。そうすると自ずと、同じ会議の場で、アイデアマンと問題点を見つける日本人が席を並べる機会が増えてくるでしょう。

そのときに、問題をうまく見出して解決できる能力をもった日本人が、可能性やチャンスを探ることに力を注ぐ「外国人」を評価し、積極的に彼らの考えを取り入れることができたら、これまでにない新しいパワーが生まれるに違いありません。

そんな未来の実現は、もうすぐだと思います。

日本人と外国人が、同じテーブルでお互いを尊重し合いながら、ものごとを進めている姿が私にはしっかりと見えるのです。